J'apprends à lire et à écrire

Exercices de lecture et d'écriture du français

(pour débutants - alphabétisation)

Par Frédéric Lippold

Ce livre appartient à :

Carte de la France métropolitaine

AVANT-PROPOS

Notre ouvrage s'adresse à des **jeunes adultes**, **adultes** et **enfants** qui apprennent à lire et à écrire. La connaissance de l'alphabet est un prérequis.

Ce livre a été conçu à l'issue de mon expérience en tant qu'enseignant en français langue étrangère (FLE). J'ai vécu les difficultés d'apprentissage d'un public qui souffrait de ne pouvoir bien lire le français. De fait, **l'approche de ce livre se veut progressive**, notamment par l'évocation de mots du quotidien, et avec des empreintes de mots sur lesquelles repasser au stylo ou au crayon.

Nous insistons d'abord sur la **reconnaissance des syllabes simples puis complexes**. Puis de nombreux **exercices de recopiage** permettent à l'apprenant de s'habituer au tracé et à l'écriture. Souvent, les empreintes des mots sont présentes pour éviter de laisser l'élève sans repère.

Ensuite viennent des **exercices de reconnaissance** de mots et de phrases. Il s'agira d'effectuer le bon choix et, parfois, de compléter des espaces vides.

Enfin, des **exercices de compréhension** permettent à l'apprenant de s'entraîner sur des applications concrètes de ce qu'il aura appris.

Nous espérons que ce livre vous sera bénéfique. N'hésitez pas à nous contacter pour toute remarque ou suggestion (*contact@exercices-a-imprimer.com*).

Bon travail !

L'auteur

TABLE DES MATIERES

L'alphabet et les caractères spéciaux 5
J'identifie des syllabes avec le graphème « a » 6
Je recopie des mots avec le graphème « a » 6
J'identifie des syllabes avec le graphème « e » 7
J'identifie des syllabes avec le graphème « i » 8
J'identifie des syllabes avec le graphème « o » 9
J'identifie des syllabes avec le graphème « *eau* » 10
Je recopie des mots avec le graphème « *eau* » 11
J'identifie des syllabes avec le graphème « u » 11
J'identifie des syllabes avec le graphème « *ch* » 13
J'identifie des syllabes avec le graphème « *on* » 14
Je recopie des mots avec le graphème « *on* » 15
J'identifie des syllabes avec le graphème « *ou* » 16
Je recopie des mots avec le graphème « *ou* » 17
J'identifie des mots contenant les graphèmes « *an, en* » 18
J'identifie les syllabes avec les graphèmes : « *ain, ein, un, in* » 19
Je complète les mots avec les graphèmes « *an* » et « *ain* » 20
Je lis des mots avec les graphèmes « *ai, è, ê, ei* » 21
Vocabulaire : « *Le visage et le corps* » 22
Je recopie des mots et je les relie à des images : « *Eléments de la vie courante* » 23
Je relie des images au mot correspondant : « *Affaires d'école* » 24
Je recopie des mots : « *Objets* » 25
Je recopie des mots : « *Quelques homonymes* » 26
Je recopie des mots et je les relie à des images : « *Les animaux sauvages* » 27
J'entoure et je recopie le bon mot : « *Insectes et autres petites bêtes* » 28
Écriture : « *Véhicules et moyens de transport* » 29
Les jours de la semaine et le week-end 30
Compréhension, grammaire et dessin : Les prépositions 31
Je relie l'image à la bonne phrase : « *Quel temps fait-il ?* » 32
J'écris les mois de l'année et les saisons 33
J'écris les chiffres, les nombres et l'heure 34
J'écris les lettres manquantes. Thème : Les objets 35
Mots avec des lettres manquantes. Thème : Les légumes 37
J'identifie des mots divers 38
Mots croisés : différencier les lettres D et T 41
Je choisis et je recopie le bon mot : « *Les animaux de la ferme* » 42
Je choisis et je recopie le bon mot : « *Les animaux de la forêt* » 43
Je choisis et je recopie le bon mot : « *Les animaux marins* » 44
Je choisis et je recopie le bon mot : « *Les fruits de mer* » 45
Je choisis et je recopie le bon mot : « *À la maison* » 46
Je choisis et je recopie le bon mot : « *Le visage* » 47
Compréhension écrite : « *Comprendre des plaques professionnelles* » 48
Mots croisés : « *Les métiers* » 50

Compréhension écrite : « *Remplir un formulaire* »	52
Je complète un texte : « *Présentation* »	53
Lecture et mots croisés : « *Lulu la souris* »	54
Lecture et mots croisés : « *Ours brun* »	55
J'identifie la situation	56
Grammaire : Prépositions de lieu	58
Comprendre un calendrier et noter des événements	59
Savoir lire et comprendre un plan	60
Comprendre des informations sur une affiche	61
Compréhension écrite : Comprendre une carte de visite	62
Comprendre des informations : « *On va au cinéma !* »	63
Comprendre des informations sur des panneaux de signalisation	64
Comprendre des informations sur un panneau d'information	65
Comprendre des informations : « *Programme de sport* »	66
Comprendre des informations : « *Sortie au musée* »	67
J'écris des mots : « *Objets* »	68
J'écris des mots : « *Fruits* »	70
J'écris des mots : « *Légumes* »	71
J'écris des mots : « *Animaux de la ferme* »	72
J'écris des mots : « *Animaux marins* »	73
J'écris des mots : « *Au jardin* »	74
J'écris des mots : « *Moyens de transport* »	75
J'écris des phrases	76
L'auxiliaire avoir	79
L'auxiliaire être	80
Je complète des phrases : « *Les verbes du premier groupe* »	83
Je conjugue le verbe « aller »	84
Je conjugue le verbe « faire »	85
Conjugaison : « *Les verbes de goût* »	86
Je complète des phrases : « *Quel est le bon mot ?* »	87
Je transforme des phrases : « *Le présent progressif* »	89
Je réponds à des questions : « *Réponses affirmatives* »	90
Je réponds à des questions : « *Réponses négatives* »	91
Le genre : « *Masculin et féminin* »	92
Expression écrite : « *Le pluriel* »	93
Compréhension écrite : « *Les pronoms interrogatifs* »	95
Mots croisés : « *Les contraires* »	96
Compréhension : « *Remplir un chèque* »	97
Compréhension : « *Reconnaissance de documents administratifs* »	98
Vocabulaire : « *Emotions et sentiments* »	99
Expression écrite : « *Présentation de personnages* »	100
Compréhension et géographie : « *Bulletin météo* »	101
Exercices de compréhension écrite et d'expression écrites (A1)	102
Compréhension écrite : « *Sarah est infirmière* »	103
Test d'évaluation (A1+)	104

L'alphabet et les caractères spéciaux

Les minuscules (écriture cursive) :

a b c d e f g h i j k l m

n o p q r s t u v w x y z

Les minuscules (écriture scripte) :

a b c d e f g h i j k l m

n o p q r s t u v w x y z

Les majuscules (écriture cursive) :

A B C D E F G H I J K L M

N O P Q R S T U V W X Y Z

Les majuscules (écriture scripte) :

A B C D E F G H I J K L M

N O P Q R S T U V W X Y Z

Les caractères spéciaux :

L'accent aigu : ´

L'accent grave : `

L'accent circonflexe : ^

L'apostrophe : '

La virgule : ,

Le point : .

Le point-virgule : ;

Les deux points : :

Le point d'exclamation : !

Le point d'interrogation : ?

J'IDENTIFIE DES SYLLABES AVEC LE GRAPHEME « A »

ba   ca   ka   da   fa   ga   ja   ha

la   ma   na   pa   ra   sa   ta   va

JE RECOPIE DES MOTS AVEC LE GRAPHEME « A »

le rat   un ara   un chat   un sac   un âne

des balles   un tas   un papa   il a mal

J'IDENTIFIE DES SYLLABES AVEC LE GRAPHEME « E »

ce   me   ne   re   se   ve   de   ze

be   de   fe   ge   je   ke   le   pe   te

J'IDENTIFIE DES SYLLABES AVEC LE GRAPHEME « I »

bi   di   fi   gi   hi   ji   ki   li   pi   ti   zi

ci   mi   ni   ri   si   vi   xi   wi

J'IDENTIFIE DES SYLLABES AVEC LE GRAPHEME « O »

co mo no ro so vo do to

bo fo go ho jo ko lo po zo

J'IDENTIFIE DES SYLLABES AVEC LE GRAPHEME « EAU »

beau   deau   seau   teau   reau

ceau   meau   neau   veau

JE RECOPIE DES MOTS AVEC LE GRAPHEME « *EAU* »

de l'eau

un beau chaton

un seau

un rideau

un sceau

un veau

un chapeau

un radeau

des roseaux

un drapeau

un anneau

un rateau

J'IDENTIFIE DES SYLLABES AVEC LE GRAPHÈME « U »

bu   cu   du   fu   gu   hu   ju   lu

mu   nu   pu   ru   su   tu   vu   zu

J'IDENTIFIE DES SYLLABES AVEC LE GRAPHEME « CH »

cha   che   chi   cho   chu   chy

le chat
le chouchou
chaud
un chant
un chou
une fiche

J'IDENTIFIE DES SYLLABES AVEC LE GRAPHEME « *ON* »

bon   don   fon   jon   lon   mon

non   pon   son   ton   von   zon

JE RECOPIE DES MOTS AVEC LE GRAPHEME « ON »

un garçon

bonbons

un héron

un camion

un avion

dragon

un pont

poisson

un concombre

15

J'IDENTIFIE DES SYLLABES AVEC LE GRAPHEME « *OU* »

bou   cou   dou   fou   gou   jou   kou   lou

mou   nou   pou   rou   tou   sou   vou   zou

JE RECOPIE DES MOTS AVEC LE GRAPHEME « *OU* »

cou   sou   mou   doux   loup

un doudou   une bouche   une mouche

un chou   une louche   un moulin

Il y a une poule et trois poussins

J'IDENTIFIE DES MOTS CONTENANT LES GRAPHEMES « AN, EN »

un flan — un banc — une dent — un gant

une ancre — de l'encre — un serpent — blanc

un toucan — une plante — une tente — le volcan

en
an
han
grand
lent
prend

18

J'IDENTIFIE LES SYLLABES AVEC LES GRAPHEMES : « *AIN, EIN, UN, IN* »

ain   ein   un   in   ain   ein   un   in

le pain

un bain

un peintre

le train

des grains

une ceinture

un lamantin

un marin

un requin

JE COMPLETE LES MOTS AVEC LES GRAPHEMES « AN » ET « AIN »

1- Ce chat est un écriv_____.

2- Il écrit un livre passionn_____t !

3- Je mangerai un s_____dwich et en dessert, une m_____ngue.

4- Le père s'occupera de son enf_____t dem_____ matin.

5- Il prend un b_____ après son sport.

6- J'ai des g_____ts pour protéger mes m_____s du froid.

7- Le proch_____ tr_____ part dem_____ matin.

8- C'est intéress_____t d'éch_____ger avec toi !

9 - Il faut des gr_____ de blé pour faire du p_____.

10- C'est d_____gereux de manger des aliments s_____s les mâcher.

11- J'ai des amis afric_____s et améric_____s.

12- Elle dem_____de du fromage à sa mam_____.

13- Tu m_____ges avec moi ce soir ?

14- Il a un cop_____ _____glais.

15- Il est un peu haut_____.

16- Il est vil_____ : il n'est pas gentil.

17- Notre repas est s_____ : il est bon pour la s_____té.

18- Je suis un être hum_____ : je ne suis pas un animal.

19- J'ai un voisin roum_____ et un autre qui est allem_____d.

20

JE LIS DES MOTS AVEC LES GRAPHEMES « *AI, E, E, EI* »

il est   ai   è   ê   ei   tu es   il est

neige

une bête   un balai   une chèvre

une fenêtre

Vocabulaire : Le visage et le corps

| un œil | des sourcils | des yeux | une oreille |

| un nez | une narine | le bras | la main |

✏️ **Exercice** : Copie et relie chaque mot à la partie du corps qui lui correspond.

- La bouche
- Le sourcil
- Les cheveux
- Un œil
- Une oreille
- La paume de la main
- L'épaule
- Le bras
- Le pouce
- Le bassin
- Un doigt
- Le genou
- Le talon d'Achille
- La plante des pieds
- Le pied

JE RECOPIE DES MOTS ET JE LES RELIE A DES IMAGES :
« ELEMENTS DE LA VIE COURANTE »

Réécris chaque mot et indique une flèche vers son illustration.

Un tapis   une fenêtre   un cadeau   Un téléphone

une armoire

de l'argent   des lunettes   une casserole   un lave-vaisselle

une machine à laver   une enveloppe   un frigo   un cadenas

JE RELIE DES IMAGES AU MOT CORRESPONDANT : « AFFAIRES D'ECOLE »

✎ Relie chaque image au bon mot. Réécris aussi chaque mot.

- une lampe
- un pinceau
- des cahiers
- de la peinture
- un pot de tourbe
- un livre
- un récit-matin
- un bonhomme
- un ballon
- une règle
- des chaussures
- des punaises
- un pot à crayons

24

JE RECOPIE DES MOTS : « OBJETS »

un stylo

une feuille de papier

une horloge

une gomme

un crayon

un sac

Une tasse de café

un couteau

un verre

Une assiette

une fourchette

une cuillère

25

JE RECOPIE DES MOTS : « QUELQUES HOMONYMES »

cent — du sang — une voie — une voix — je vois

je sens — toi — un toit — un mur — une mûre

un porc — un port — un ver — vers

un cours — il court — un pouce — il pousse

JE RECOPIE DES MOTS ET JE LES RELIE À DES IMAGES : LES ANIMAUX SAUVAGES

✎ Réécris chaque mot et indique une flèche vers son illustration.

un rhinocéros   un éléphant   une antilope   un zèbre

un vautour

une hyène

un lion

un chameau   un singe vervet   une girafe

un tigre   un scorpion   un serpent

J'ENTOURE ET JE RECOPIE LE BON MOT : INSECTES ET AUTRES PETITES BÊTES

Entoure le nom correct, puis réécris-le en dessous de chaque espèce.

pinson   pou   punaise
puce   papillon

Un _____

carabe   coliade   coccinelle
cicadelle   chenille

Une _____

mante   grillon   guêpe
abeille   mouche

criquet   cétoine   cigale
blatte (cafard)   capricorne

mouche   atlas   zabre
criquet   abeille

cousin   mousse   mouton
moucheron   moustique

charançon   ver de terre
cocon   chenille   papillon

bourdon   moucheron   frelon
mouche   chenille

cigale   doryphore   nèpe
fourmi   termite

lucane   libellule   ver luisant
tipule   bombyle

anax   lyctus   araignée
scarabée   papillon

mante   scarabée   luciole
sauterelle   mélipone

ÉCRITURE : « VÉHICULES ET MOYENS DE TRANSPORT »

une voiture   *un bus*   *un tank*   *une moto*   *un vélo*

✏️ Écris le mot correspondant à chaque véhicule, puis recopie-le une fois corrigé.

29

LES JOURS DE LA SEMAINE ET LE WEEK-END

lundi   *mardi*   *mercredi*   *jeudi*   *vendredi*

la semaine   *samedi*   *dimanche*   *le week-end*

1. Relie dans l'ordre les jours de la semaine.

mardi   vendredi   lundi   samedi
   mercredi   jeudi   dimanche

2. Trouve le jour d'*après* :

| Vendredi | | Dimanche | | Mardi | |

3. Trouve le jour d'*avant* :

| | Lundi | | Vendredi | | Samedi |

4. Colorie en rouge la pancarte qui correspond à aujourd'hui, en orange celle qui correspond à hier, et en jaune celle qui correspond à demain.

Lundi   Vendredi   Mardi   Samedi   Mercredi   Dimanche   Jeudi

Compréhension, grammaire et dessin : Les prépositions

- Dessine le soleil ainsi que trois nuages dans le ciel.
- Dessine un vélo près de la porte d'entrée.
- Place un chat près du chemin qui mène à la porte.
- Dessine quelques arbres sur les collines au loin.
- Place un vêtement qui pend au bord de la fenêtre.
- Dessine un buisson à droite de la maison.
- Dessine un parterre de fleurs entre la maison et la barrière.
- Place deux oiseaux et leur nid sur le toit.
- Rajoute une gouttière autour du toit de la maison.
- Dessine une trottinette devant le garage.
- Dessine une table à gauche de la maison et deux chaises à côté.
- Place un personnage n'importe où !

Je relie l'image a la bonne phrase : « Quel temps fait-il ? »

✏️ Relie chaque dessin au bon mot.

Il fait beau.
Il y a du soleil.
Le temps est ensoleillé.

Le temps est couvert.
Le temps est nuageux.
Il y a des nuages.

Il y a un arc-en-ciel.

Il y a une tornade.
Elle emporte tout
sur son passage !

Il y a de la pluie.
Le temps est pluvieux.
Il pleut.

Il y a du vent.
Ça souffle !
(Regarde le manche à air !)

Il y a de l'orage.
Le temps est orageux.

Il y a de la neige.
Le temps est neigeux.
Il neige.

32

J'écris les mois de l'année et les saisons

① Numérote les mois dans l'ordre chronologique :

Janvier	1	Mai	☐	Juin	☐	Septembre	☐
Novembre	☐	Février	☐	Octobre	☐	Mars	☐
Avril	☐	Août	☐	Décembre	☐	Juillet	☐

② Réécris les douze mois dans l'ordre :

Janvier, _____

_____

③ Relie chaque image à sa saison puis entoure ta saison préférée :

été   automne   printemps   hiver

④ Réponds aux questions ci-dessous :

Quel mois es-tu né(e) ?

_____

A quelle saison es-tu né(e) ?

_____

Quel mois sommes-nous ?

_____

Quelle saison préfères-tu ?

_____

J'écris les chiffres, les nombres et l'heure

A. Je recopie les chiffres et nombres en lettres.

0 : zéro

1 : un

2 : deux

3 : trois

4 : quatre

5 : cinq

6 : six

7 : sept

8 : huit

9 : neuf

10 : dix

11 : onze

12 : douze

13 : treize

14 : quatorze

15 : quinze

16 : seize

17 : dix-sept

18 : dix-huit

19 : dix-neuf

20 : vingt

30 : trente

B. J'écris l'heure en lettres

Exemple : 17h15 ⇨ Il est dix-sept heures quinze

1) 8h20 ⇨ Il est

2) 14h16 ⇨

3) 18h12 ⇨

4) 6h23 ⇨

5) 15h09 ⇨

6) 19h02 ⇨

7) 13h11 ⇨

8) 4h05 ⇨

9) 5h20 ⇨

J'écris les lettres manquantes - Thème : Les objets

Écris les **lettres manquantes** des mots. Ensuite, écris le **mot complet** sur la ligne en dessous.

un _r_ina_eur →

une _ou_e →

un _a_que →

une ho_lo_e →

une _lan_e →

un _élépho_e →

une _lé →

un _c_an →

une a_ra_euse →

des _u_ettes →

des _lasseu_s →

une _asse _e _afé →

une _a_lette →

des _i_eaux →

35

J'écris les lettres manquantes - Thème : Les fruits

Écris les **lettres manquantes** des mots. Ensuite, écris le **mot complet** sur la ligne en dessous.

poi_e

rai_in

_ru_e

fram_oise

b_na_e

myr_ille

p_mme

gre_ade

_rai_e

f_gue

_range

_it_on

J'écris les lettres manquantes - Thème : Les légumes

Écris les **lettres manquantes** des mots. Ensuite, écris le **mot complet** sur la ligne en dessous.

poi_ron

➡

bro_ol_

➡

c_r_tte

➡

cél_r

➡

har_cots _erts

➡

oign___

➡

bett_r_ve

➡

__ou _ert

➡

ch___ fleu_

➡

aub_rg_ne

➡

_aitue

➡

épi_ards

➡

37

J'IDENTIFIE DES MOTS DIVERS

✏️ **Colorie le mot qui correspond à l'image (niveau facile : une syllabe).**

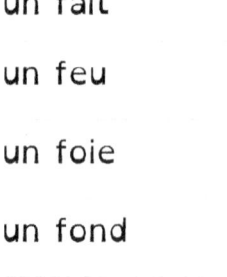

	une faux		un suc
	une fée		un sec
	un fou		un sac
	une fille		un soc

	un fait		un an
	un feu		une âme
	un foie		un âne
	un fond		une année

	un lot		un but
	une loi		un bus
	un lys		une bulle
	un lit		une batte

	le terrain		une montre
	la traite		une main
	la terre		un moins
	le trait		une mite

✏️ **Colorie le mot qui correspond à l'image (niveau moyen : deux syllabes).**

	un cerceau		un épi
	une cérèse		un papi
	une cerise		une épée
	un cerceau		un étui

38

	un micro			un boubou
	un macro			une bobine
	un métro			un bonbon
	une carète			un valo
	une calotte			un vélo
	une camote			un volé
	une carotte			un véto
	une craie			un girasol
	un cri			une girarde
	un crayon			une girafe
	un cran			un giron
	un cadeau			un sourire
	un charlot			une source
	un château			un sou
	un chariot			une souris
	un chameau			un oiseux
	un chapeau			un oiséen
	un chareau			un oiseau
	un chasso			un oiselé
	une banale			un citrate
	une balane			un citrus
	un bananier			un citral
	une banane			Un citron

39

un calot
un cola
un colon
un colis
une colle

un hipou
un hibou
un hissou
un hilou
un himou

Colorie le mot qui correspond à l'image (divers).

un avian
un avion
un avant
un avent

du chacolat
du chocolat
du chocalat
du checalot

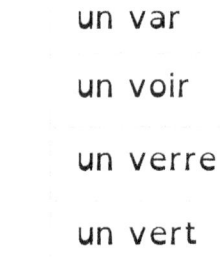

un var
un voir
un verre
un vert

une glaceuse
un glaçon
une glaçure
une glace

un babiron
un bibendum
un bibelot
un biberon
un beribon

un chasseur
une chaussée
une chasse
une chausse
une chaussure

des compromis
des compresses
des comprimés
des comptables

une ampoule
une poule
un emploi
une appli

40

Mots croisés : Différencier les lettres d et t

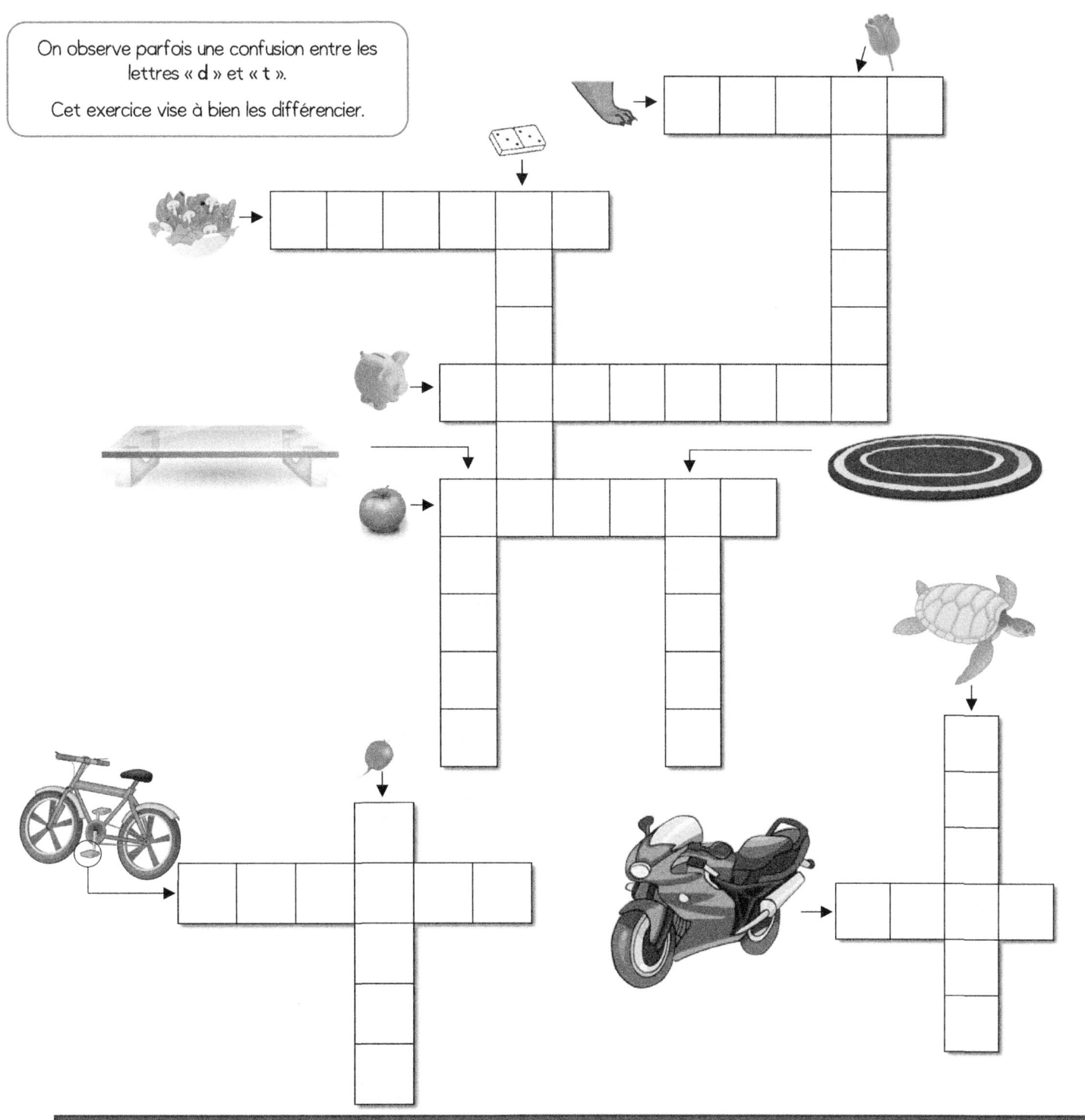

On observe parfois une confusion entre les lettres « d » et « t ».

Cet exercice vise à bien les différencier.

Liste des mots

la table	la tomate	la salade
un tapis	une patte	une pédale
la moto	la tulipe	le radis
une tirelire	une tortue	un domino

Je choisis et je recopie le bon mot : les animaux de la ferme

un âne – un chat – un cheval – une chèvre – un chien
un cochon – un lapin – un mouton – une poule – une vache

Je choisis et je recopie le bon mot : les animaux de la forêt

une biche – un cerf – une chouette – un hérisson – un hibou grand duc – un lièvre – un loup – un renard – un sanglier

Je choisis et je recopie le bon mot : Les animaux marins

un crabe - une étoile de mer - un hippocampe - une méduse - un oursin - une pieuvre (un poulpe) - un poisson volant - une tortue

Je choisis et je recopie le bon mot : Les fruits de mer

une coquille Saint-Jacques - un crabe - une crevette - des crevettes grises
un homard - une huître - une langoustine - une moule - un oursin

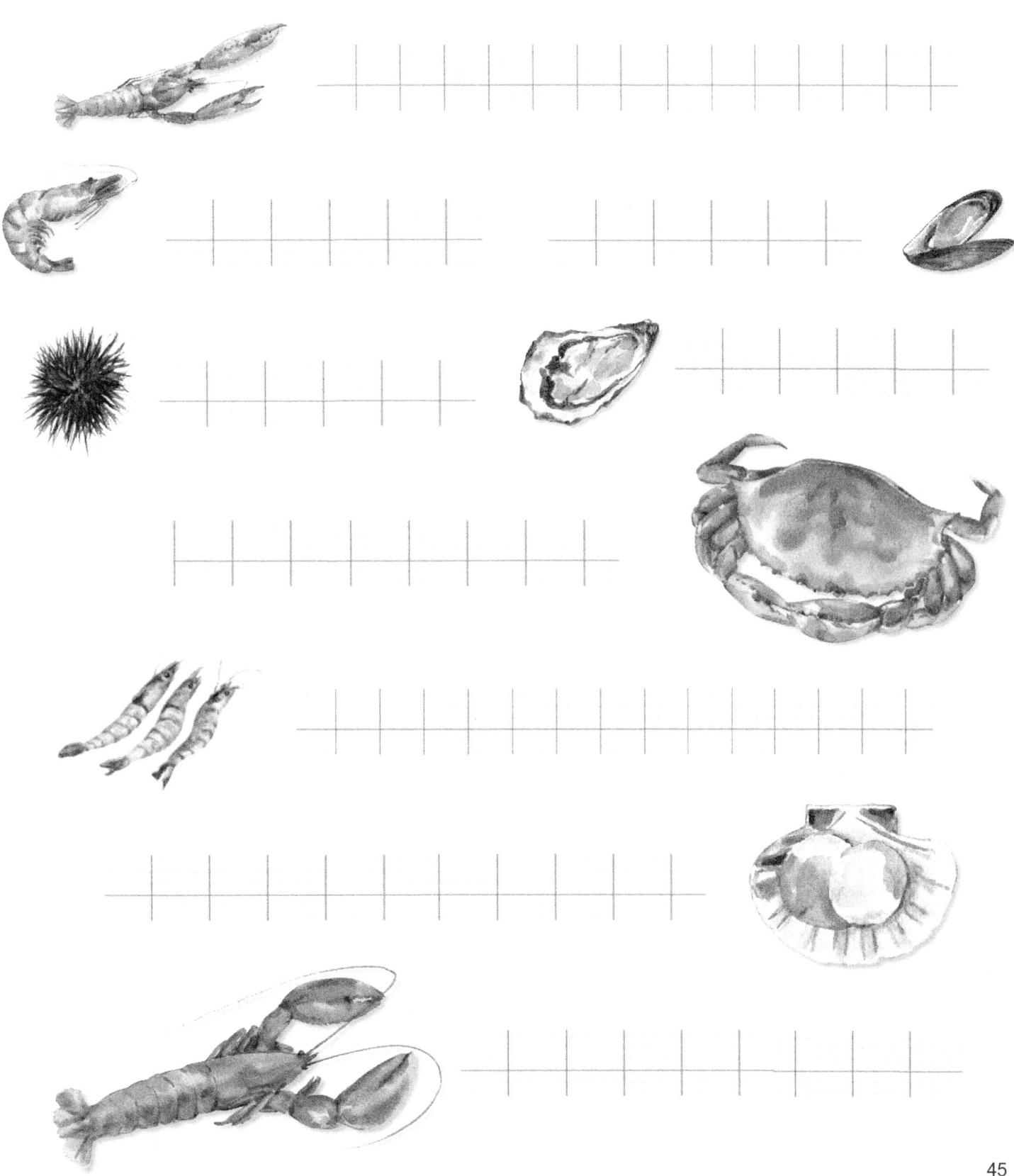

Je choisis et je recopie le bon mot : À la maison

un bain / une baignoire – un canapé – une console de jeux – une cuisinière
une douche – un écran – un frigo / frigidaire – un lit – un micro-ondes
un ordinateur – un grille-pain – des toilettes / des WC

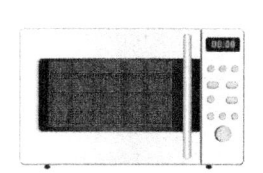

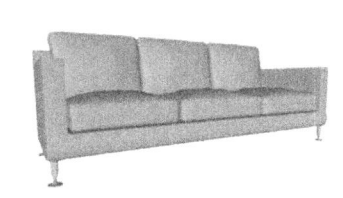

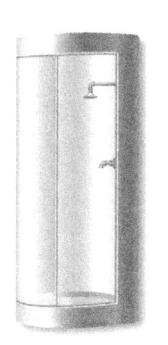

Je choisis et je recopie le bon mot – Le visage

la bouche – les lèvres – la langue – les dents – le visage – les cheveux – l'oreille
le nez – l'œil – le menton – le sourcil – le cou – les cils – la joue – le front
la barbe – la moustache – la fossette – les rides – les taches de rousseur

Compréhension écrite : Comprendre des plaques professionnelles

Observe les différentes plaques professionnelles et relie chacun d'entre elles à l'image qui lui correspond.

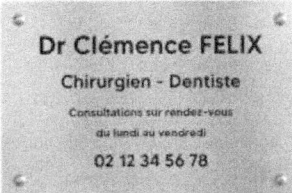

Dr Clémence FELIX
Chirurgien - Dentiste
Consultations sur rendez-vous
du lundi au vendredi
02 12 34 56 78

Docteur Mehdi CAMAN
MÉDECINE GÉNÉRALE
Conventionné secteur 1
Consultation sur rendez-vous
06 12 23 34 45

Samira Bien
Infirmière libérale
06 12 34 18 15
Diplômée d'État
Soins à domicile ou au cabinet

Victor BRAULT
Psychologue
Enfants - Adultes - Famille
sur rendez-vous   09 28 32 77 91

Bertrand & Associés
Menuiserie - Ébénisterie
04 67 65 00 00
Accueil ouvert du Lundi au Vendredi - de 8h à 17h30

Madame Géraldine BERTON
SAGE-FEMME
Diplômée de l'école de Sages-femmes de Toulouse
Université Paul Sabatier
Tél : 04 24 12 18 51 ou 06 22 34 12 54
Consultations de grossesse - Préparation à la naissance
Rééducation périnéale

Lise LE GALL
Orthophoniste D.E.
Conventionnée
Tél : 01 12 13 14 15 ou doctolib.fr

Maître F. Motier
Docteur en Droit
Inscrit au Barreau de Lyon
04 78 24 81 15
Avocat

48

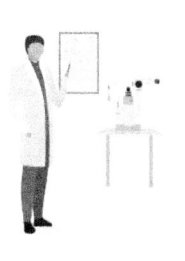

ADONAÏ Elodie DIETETICIENNE *Diplômée* Consultations sur rendez-vous Tél : 06 14 82 88 62	• •	*(vétérinaire avec chat)*
Bertrand DUMOULIN Masseur - Kinésithérapeute Sur rendez-vous 04 67 65 00 00	• •	*(kinésithérapeute)*
LE CLIN D'OEIL *de Max* Opticien-lunetier sur rendez-vous	• •	*(expert-comptable au bureau)*
Alexandre ROUSSEL Vétérinaire Consultations sur rendez-vous Tél : 03 27 72 71 13	• •	*(pédicure-podologue)*
Docteur Martine BAUDINOT **OPHTALMOLOGIE** Conventionnée honaires Libres	• •	*(diététicienne)*
Alice PETON Pédicure - Podologue Consultations sur rendez-vous 06 50 33 45 53	• •	*(ophtalmologue)*
YOGA Françoise ROSIER Cours Collectifs Cours à Domicile Sur rendez-vous 06 98 13 57 49	• •	*(opticien)*
ec *Sylvie Borotra* EXPERT-COMPTABLE	• •	*(cours de yoga)*

Mots croisés - Les métiers

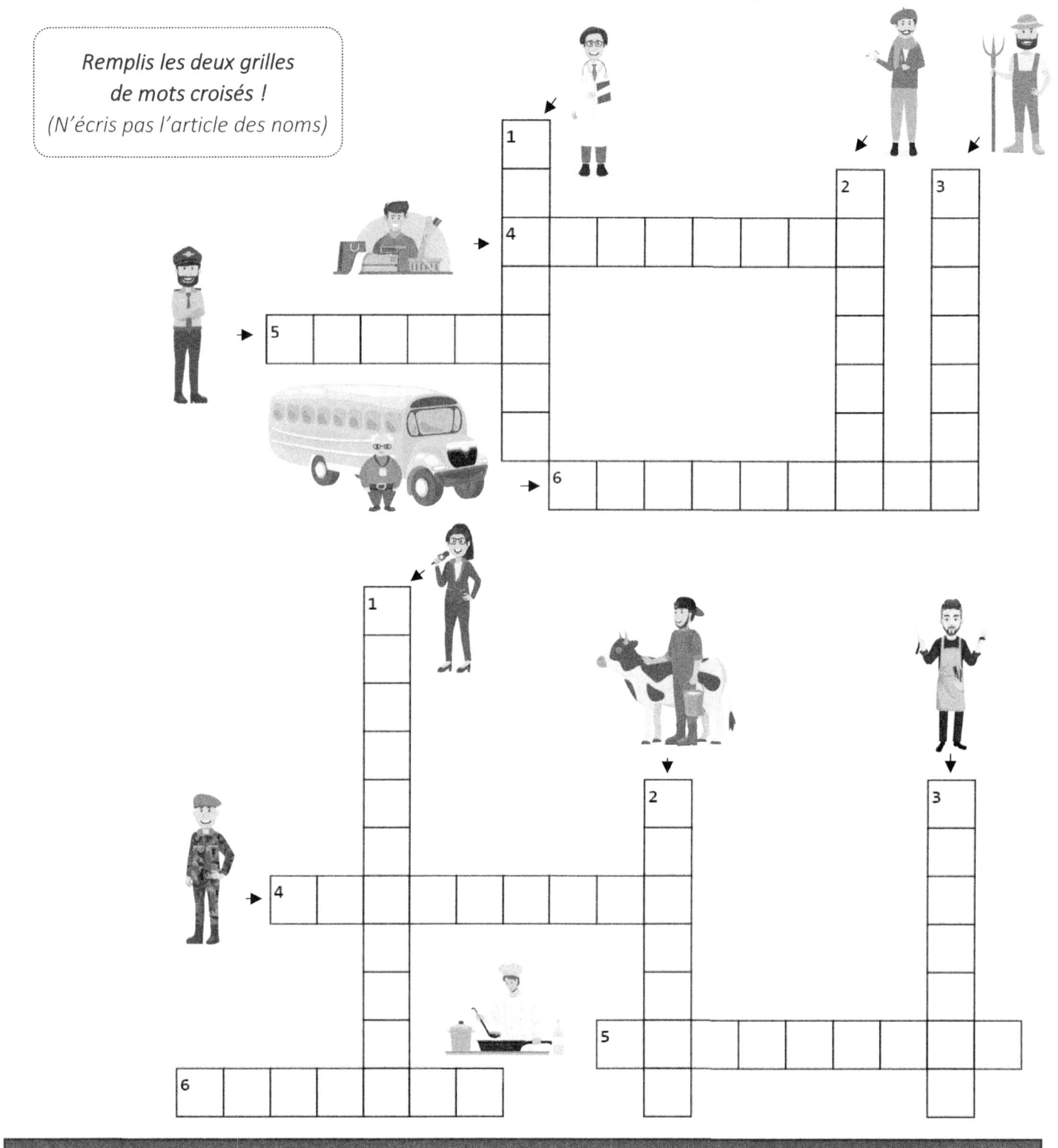

Remplis les deux grilles de mots croisés !
(N'écris pas l'article des noms)

Liste des mots

- un artiste
- un chauffeur (de bus)
- un éleveur
- un livreur
- un barbier
- un cuisinier
- un fermier
- un pilote
- un caissier
- un docteur
- une journaliste
- un militaire

J'identifie des mots : « Faire les courses »

Lis le texte et entoure les six aliments de la liste à acheter.

« Est-ce que tu peux acheter du lait, des œufs et du chocolat ? J'aimerais bien aussi que tu passes à la boulangerie, pour prendre une baguette, un croissant et un pain aux raisins, si c'est possible ! Merci beaucoup ! »

Compréhension écrite : « Remplir un formulaire »

✎ **Remplissez le formulaire à partir des informations suivantes.**

- Je m'appelle Paulo Ferreira. Je travaille comme chef d'entreprise depuis 15 ans. Je suis né le 10 avril 1970 au Portugal. J'habite à Nantes, au 30 rue Dufour. Je suis marié depuis dix ans et j'ai deux enfants.

Nom :
Prénom :
Date de naissance :
Adresse :
Profession :
Nationalité :
Situation maritale :

- Je m'appelle Arturo Bianco. Je travaille dans la restauration. C'est à Rome, le 23 septembre 1982, que je suis né. J'habite à Lyon, au 10 rue de Bourgogne. Je suis divorcé et j'ai une petite fille.

Nom :
Prénom :
Date de naissance :
Adresse :
Profession :
Nationalité :
Situation maritale :

- Je m'appelle Mourad Hassan. J'habite à Saint-Denis, au 22 rue Charles Michels. Ma date de naissance est le 12 mars 1980. Je suis né à Alger et je n'ai pas la nationalité française. Je bosse comme assistant administratif à Paris. Je suis célibataire et sans enfant.

Nom :
Prénom :
Date de naissance :
Adresse :
Profession :
Nationalité :
Situation maritale :

JE COMPLETE UN TEXTE : « PRESENTATION »

① **Complète avec les mots suivants :**

> Au revoir – Bonjour – m'appelle – enfants – ça va

_____ !
Je _____ Claudia.
J'ai trois _____. J'habite à Paris.
Je vais bien. Et toi, comment _____ ?
À bientôt j'espère. _____ !
                                        Claudia

② **Découpe les mots pour faire des phrases.**

1. BonjourjesuisPaul. J'habiteenFrance.

2. Commenttut'appelles ?

3. Monfrères'appelleJean

4. J'aitrèsfaim,jevoudraismanger

5. J'aivraimentsoif,jeveuxboire

6. Aurevoiretbonnejournée !

7. Àbientôtmoncherami !

Lecture et mots croisés

Lulu la souris

Chaque **matin**, Lulu la souris s'habille à toute vitesse.

Puis elle fouille l'**appartement**.

Elle examine les escaliers.

Ensuite, elle explore la **cave** et le **grenier**.

Elle met son **museau** dans les tiroirs de la **commode** et soulève les rideaux.

Le petit rongeur recherche des miettes ou des bouts de fromage à se mettre sous la dent.

Pendant ce temps, monsieur souris surveille les environs, pendant que le fils aîné va chercher une jonquille dans le jardin.

Texte d'après L. Koechlin, L'artiste-chien : une aventure de Lulu et Banana
© Editions Casterman, 1990

Mots croisés (utilise les mots du texte en **gras** !)

① Il est situé en haut de la maison, c'est le ......

② La .... est sous la maison

③ C'est une partie de la tête de certains animaux

④ C'est le début de la journée

⑤ Lulu la souris fouille tout l'....................

⑥ On range les chaussettes et les pulls dans un meuble à tiroirs : c'est une ....

Lecture et mots croisés

Ours Brun

Quel est l'ours le plus répandu à travers le monde ?

C'est l'ours brun, le nounours en peluche des enfants. Dans la nature, il peut vivre jusqu'à 30 ans. Le mâle peut peser jusqu'à 700 kilos !

L'ours vit seul ou en famille au cœur des grandes forêts, dans des régions sauvages.

Mots croisés

① C'est un très gros animal qui aime le miel

② Papa, maman et les enfants forment une…

③ Quelqu'un de solitaire reste souvent…

④ C'est le contraire de moins

⑤ Mon nounours est en…

⑥ L'ours vit dans des régions…

⑦ Beaucoup d'arbres poussent dans les…

Recopie la phrase qui se trouve dans le texte

- L'ours vit seul au cœur des grandes forêts, dans des régions sauvages.
- L'ours vit seul ou en famille au milieu des grandes forêts, dans des régions sauvages.
- L'ours vit seul ou en famille au cœur des grandes forêts, dans des régions sauvages.

55

J'IDENTIFIE LA SITUATION

✎ **Lis les trois phrases puis indique celle qui correspond au dessin.**

	• Il a l'air soucieux • Il a l'air heureux • Il a l'air marrant		• Il passe à la banque • Il passe son tour • Il passe le balai
	• Elle nettoie son linge • Elle prépare à manger • Elle lave la vaisselle		• Le lapin sourit • Le lapin regarde sa montre • Le lapin est malade
	• L'homme montre quelque chose • L'homme a perdu sa montre • L'homme joue à cache-cache		• L'homme galope à cheval • L'homme est sur un chameau • L'homme roule en voiture
	• Le jeune homme porte un sac • L'homme a l'air fatigué • Son sac est léger		• Le chien est malade • Le loup a mal à la main • Le loup est blessé à la patte
	• Elle est en train de nettoyer • Elle est en train de discuter • Elle passe l'aspirateur		• Elle va s'endormir • Elle cueille la fleur • Elle hume la fleur
	• Il porte son enfant • Il porte un sac • Il sourit très peu		• Il vient de finir de manger • Il est en train de manger • Il mange son plat avec une cuillère
	• Elle n'est pas joyeuse • Elle porte une casquette • Elle est à la montagne		• Le bébé a l'air agité • Le bébé a bien dormi • Le bébé est endormi

	• Elle lève le doigt • Elle se lève • Elle ne veut pas participer		• Elle écrit sur la table • Elle écrit sur une feuille • Elle écrit sur le mur
	• Il se prépare à manger • Il se prépare à se battre • Il se prépare pour sortir		• Ils mangent ensemble • Ils travaillent ensemble • Ils ont l'air malheureux
	• L'homme porte un costume • Il tient un balai et un seau • Il semble malheureux		• Ils sont tous les deux partis • Ils sont tous les deux amis • Ils sont tous les deux ennemis
	• Il partage une photo • Il imprime une photo • Il photographie quelque chose		• Il regarde son téléphone • Il se promène • Il n'a plus de batterie
	• Il rentre de vacances • Il n'a pas de casquette • Son bagage est lourd		• Elle s'est perdue • Elle regarde une carte • Elle a reçu un courrier
	• Il voyage en hélicoptère seul • Il fait un salut de la main • Il conduit un petit avion		• Il porte des courses • Il tient des bagages dans ses mains • Il a l'air d'être assez triste
	• Sa voiture est peu chargée • Il conduit une camionnette • Il a l'air de partir en vacances		• Il a l'air plutôt heureux • Il a l'air plutôt triste • Il saute de joie
	• Elle est en train de dormir • Elle est en train de bavarder • Elle est en train de lire		• Il va arroser les plantes • Il va parler avec ses fleurs • Il va partir en vacances

Grammaire : Prépositions de lieu

✏️ Trouvez la bonne préposition et recopiez-la. Essayez ensuite de former une phrase.

	devant		devant
	sous		sous
	sur		sur

L'enfant est _____ la table   _____

	loin de		sur
	derrière		dans
	sur		entre

Le _____ est _____ le canapé   _____

	au-dessus de		sur
	à côté de		à côté de
	devant		au-dessus de

_____   _____

	en-dessous de		au-dessus de
	en bas de		en bas de
	en haut de		en haut de

_____   _____

	devant		entre
	en dessous		derrière
	à côté de		sur

_____   _____

COMPRENDRE UN CALENDRIER ET NOTER DES EVENEMENTS

👁 ✏ **Lis le calendrier ci-dessous puis réponds aux questions.**

	Janvier			Février			Mars	
1	M		1	S		1	D	
2	J		2	D		2	L	
3	V		3	L		3	M	
4	S		4	M		4	M	
5	D		5	M		5	J	
6	L		6	J		6	V	
7	M		7	V		7	S	
8	M	Anniv Paul	8	S		8	D	
9	J		9	D		9	L	Repas Isma
10	V		10	L		10	M	
11	S		11	M		11	M	
12	D		12	M		12	J	
13	L	RDV docteur 17h	13	J		13	V	
14	M		14	V		14	S	
15	M		15	S		15	D	
16	J		16	D		16	L	
17	V		17	L		17	M	
18	S		18	M		18	M	
19	D		19	M		19	J	
20	L		20	J		20	V	
21	M		21	V		21	S	
22	M		22	S		22	D	
23	J		23	D		23	L	
24	V		24	L		24	M	
25	S	Mariage Leïla	25	M		25	M	
26	D		26	M		26	J	
27	L		27	J	Soirée théâtre	27	V	
28	M		28	V		28	S	
29	M		29	S		29	D	Anniv Valérie
30	J					30	L	
31	V					31	M	

✏ **Écris la date de chaque événement :**

L'anniversaire de Paul : C'est le ....

La visite chez le docteur : ....

Le mariage de Leïla : ....

L'anniversaire de Valérie : ....

Le repas avec Ismael : ....

La soirée au théâtre : ....

✏ **Note les dates sur le calendrier :**
- **Rendez-vous (RDV) à la banque** le lundi 16 mars
- **Vacances** du samedi 8 février au lundi 24 février
- **Visite d'un appartement** le mardi 4 février
- **Restaurant** le samedi 7 mars
- **Anniversaire de Victoria** le mercredi 22 janvier
- **Piscine** le vendredi 27 mars

SAVOIR LIRE ET COMPRENDRE UN PLAN

👁 ✏ **Observe bien le plan ci-dessous et réponds aux questions.**

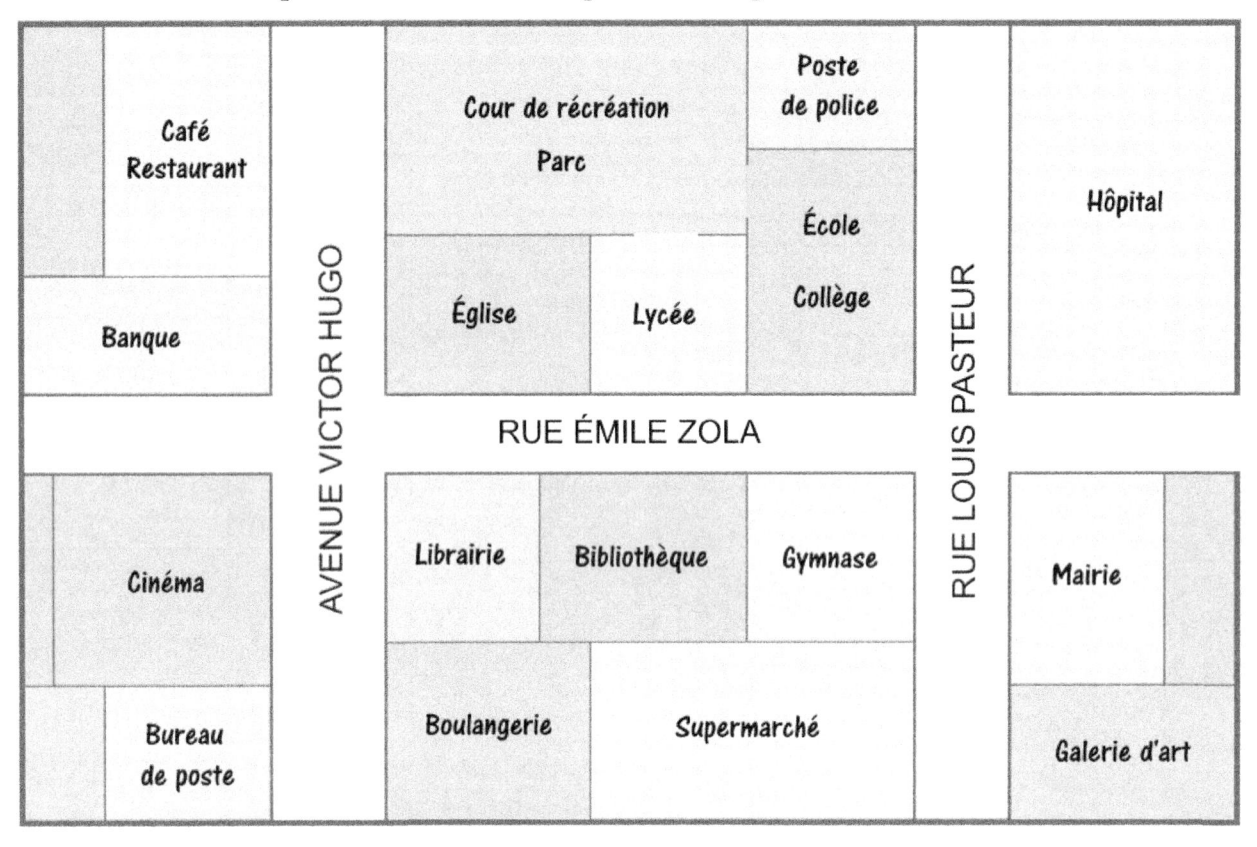

```
┌─────────────────────────────────────────────────────────────────┐
│                                    │ Poste           │           │
│    Café          │ Cour de récréation│ de police      │           │
│    Restaurant    │      Parc         │                │           │
│                  │                   │                │  Hôpital  │
│                A │                   │ École        R │           │
│──────────────  V │                   │              U │           │
│                E │                   │ Collège      E │           │
│    Banque      N │ Église │ Lycée   │                │           │
│                U │         │         │              L │           │
│                E │         │         │              O │           │
│                V │                                   U │           │
│                I │                                   I │           │
│                C │      RUE ÉMILE ZOLA               S │           │
│                T │                                     │           │
│                O │                                   P │           │
│                R │ Librairie │Bibliothèque│ Gymnase A │  Mairie  │
│    Cinéma     H │           │            │          S │           │
│                U │           │            │          T │           │
│                G │                                   E │           │
│                O │                                   U │           │
│                  │                                   R │           │
│    Bureau        │ Boulangerie │    Supermarché      │           │
│    de poste      │             │                     │ Galerie d'art│
└─────────────────────────────────────────────────────────────────┘
```

1. L'église est à côté du lycée : **VRAI** / **FAUX**
2. Le bureau de poste se trouve dans la rue Émile Zola : **VRAI** / **FAUX**
3. Le café restaurant est en face du cinéma : **VRAI** / **FAUX**
4. L'hôpital se trouve sur la rue Louis Pasteur : **VRAI** / **FAUX**
5. La bibliothèque est entre le gymnase et la mairie : **VRAI** / **FAUX**
6. La boulangerie est située dans la même avenue que la banque : **VRAI** / **FAUX**
7. La mairie se trouve dans une rue parallèle à l'avenue Victor Hugo : **VRAI** / **FAUX**
8. L'école, le collège et le lycée se partagent la même cour de récré : **VRAI** / **FAUX**
9. Le poste de police est collé à un établissement scolaire : **VRAI** / **FAUX**
10. Au carrefour de quelles rues se trouve le gymnase ?

11. Je suis invité à un vernissage (jour d'ouverture d'une exposition de peinture). À quelle rue et quel endroit dois-je me rendre ?

☆ Qui était Louis Pasteur ?

☆ Qui étaient Victor Hugo et Émile Zola ?

60

COMPRENDRE DES INFORMATIONS SUR UNE AFFICHE

👁 ✏ **Lis le panneau d'information et réponds aux questions.**

BIBLIOTHEQUE ST PIERRE

RUE DE BRETAGNE
MOULINS- lès-METZ

À COMPTER DU **1er DECEMBRE 2022**
OUVERTURE
LES MERCREDIS DE 15 À 18 h
ET NOUVEAU LES JEUDIS DE 19 À 20 h

1) Comment s'appelle la bibliothèque ?

2) Dans quelle ville est-elle située ? Et dans quelle rue ?

3) Depuis quelle date la bibliothèque est-elle ouverte ?

4) Quels jours de la semaine est-elle ouverte ?

Compréhension écrite : Comprendre une carte de visite

DÉPANN-ÉLEC
ÉLECTRICITÉ GÉNÉRALE - DÉPANNAGE
INTERVENTIONS 7 JOURS SUR 7

Installation — Chauffage
Entretien — Climatisation
Rénovation — Portails
Réparation — Portes de garage

07 81 97 32 87

7 Clos des Perroquets - 94500 Champigny-sur-Marne
N° SIRET : 552 178 639 00132
Gérant : M. Phil Defaire

WWW.DEPANN-ELEC.COM
CONTACT@DEPANN-ELEC.COM

C'est la carte de visite d'un :
- ❏ Plombier
- ❏ Menuisier
- ❏ Électricien

Écris le nom de l'entreprise :

_____

L'adresse e-mail (= courriel) de l'entreprise est :

- ❏ contact@depann-elec.fr
- ❏ contact@depannelec.com
- ❏ contact@depann-elec.com

Je peux appeler cette entreprise si :

- ❏ Je veux commander une pizza
- ❏ Je veux réparer mon ordinateur
- ❏ La porte de mon garage est bloquée
- ❏ J'ai besoin d'un massage du dos
- ❏ J'ai le nez qui coule
- ❏ Mon évier est bouché
- ❏ Mon radiateur est en panne
- ❏ Je veux partir en voyage
- ❏ Je souhaite installer une chaudière

L'entreprise est basée à :
- ❏ Condé-sur-Marne
- ❏ Royaume Champignon
- ❏ Champigny-sur-Marne

Ecris le numéro de téléphone de la société :

_____

Qui est le dirigeant (= gérant) de la société ?

_____

Où habite le gérant ?
- ❏ Hyrule
- ❏ Champigny-sur-Marne
- ❏ On ne sait pas

◯ Entoure le logo de l'entreprise

Quels jours la société peut-elle intervenir ?

_____

Ecris l'adresse du site internet de l'entreprise :

_____

Idées d'activités :
- **Jeu de rôle** : appelez le réparateur pour lui expliquer votre souci. Convenez ensemble d'un rendez-vous.
- **Ecrire un e-mail** : écrivez un e-mail dans lequel vous expliquez le problème que vous rencontrez. Vous indiquerez le lieu où vous habitez, un numéro de téléphone pour vous contacter, et vos disponibilités.
- **Carte de visite** : choisissez un métier et concevez votre propre carte de visite.

Comprendre des informations : « On va au cinéma ! »

✏️ **Lis le message et réponds aux questions**

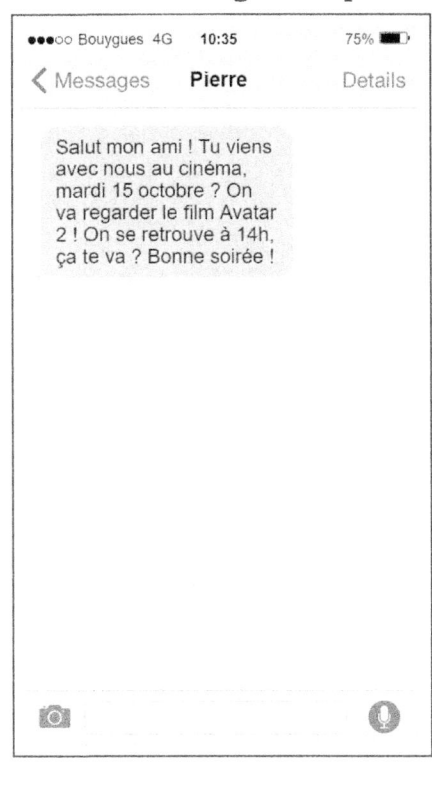

Message de Pierre (10:35, Bouygues 4G, 75%) :
Salut mon ami ! Tu viens avec nous au cinéma, mardi 15 octobre ? On va regarder le film Avatar 2 ! On se retrouve à 14h, ça te va ? Bonne soirée !

1) Où se passe la sortie ?

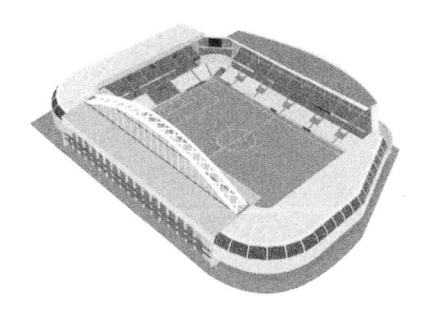

2) Quand aura lieu la sortie ?
- ☐ Le matin
- ☐ L'après-midi
- ☐ Toute la journée

3) Quelle heure lit-on sur l'écran du téléphone ?

4) Quel est l'opérateur téléphonique ?

5) Quel est le pourcentage de batterie du téléphone ?

6) Ecris la date de la sortie :

Comprendre des INFORMATIONS sur des PANNEAUX DE SIGNALISATION

✎ Lis le panneau et réponds aux questions.

1) Quelle est la ville indiquée ?

2) C'est la préfecture de quel département ?

3) Quelle école se trouve dans cette ville ?

4) Quelles sont les villes jumelées avec cette ville ?

5) Est-ce que c'est une ville fleurie ?

Comprendre des INFORMATIONS sur des PANNEAUX DE SIGNALISATION

🖉 Lis le panneau et réponds aux questions.

> **PARC DE LA SATHONETTE**
> Ouverture au Public
> ÉTÉ : du 1er Avril au 31 Octobre
> - Le Samedi et le Dimanche de 14h00 à 20h00
> HIVER : du 1er Novembre au 31 Mars
> - Le Samedi et le Dimanche de 14h00 à 18h00

1) Comment s'appelle le parc ?

2) De quel jour à quel jour est la période d'été ? Et celle de l'hiver ?

3) Quelles sont les horaires d'ouverture l'été ?

4) Quelles sont les horaires d'ouverture l'hiver ?

5) Quelle est la différence entre les horaires d'été et les horaires d'hiver ?

COMPRENDRE DES INFORMATIONS :
Programme de sport

✏ **Lis le programme et réponds aux questions.**

PROGRAMME

Cours Adultes	Horaire	Section	Lieu	Moniteur
Lundi	09h45 - 10h45	Pilates	Dojo	Stéphane
	10h45 - 11h45	Pilates	Dojo	Stéphane
	18h45 - 19h45	Pilates	Palio	Hélène
	16h00 - 17h30	Qi gong	Palio	Sylvie
	18h00 - 18h30	Cuisses, abdo, fessiers	Dojo	Denis
	18h30 - 19h30	Zumba	Palio	Denis
	19h40 - 20h40	Renforcement musculaire	Palio	Béatrice
Mardi	08h45 - 09h45	Renforcement musculaire	Palio	Stéphane
	09h45 - 10h45	Pilates	Palio	Stéphane
	10h45 - 11h45	Gym douce	Palio	Stéphane
	19h00 - 20h00	Étirements	Palio	Valérie
Mercredi	09h30 - 11h30	Marche nordique	En plein air	Patrick
	19h00 - 20h00	Étirements	Palio	Valérie
Jeudi	09h00 - 09h45	Pilates force 2	Palio	Denis
	10h00 - 11h00	Renforcement musculaire	Palio	Félicia
	14h30 - 15h30	Gym très douce	Dojo	Hélène
	18h30 - 20h00	Renforcement musculaire	Palio	Stéphane
Vendredi	10h30 - 11h30	Gym douce	Palio	Denis
Samedi	9H30 - 11H30	Marche nordique	En plein air	Jean-Marc
Cours Enfants				
Mercredi	14h45 - 15h45	Zumba (+ de 6 ans)	Palio	Béatrice
	15h45 - 16h45	Gymnastique (5 ans et +)	Palio	Béatrice
	16h45 - 17h30	Gymnastique (3-5 ans)	Palio	Béatrice

1) Quels sont les sports qui ont lieu le mardi ?

2) Quels sports sont possibles pour les enfants ?

3) Quels jours peut-on faire du Pilates ?

4) Comment s'appellent les moniteurs ?

Comprendre des informations : Sortie au musée

Musée - Informations pratiques pour les visiteurs

Les collections permanentes sont gratuites et en accès libre, sans réservation.

Le musée est ouvert du mardi au dimanche, de 10h à 18h.

Le musée est fermé les 1er janvier, 1er mai et 25 décembre

Fermeture des salles à 17h45.

Adresse :
23 rue de Sévigné
75003 Paris
Tél : 01 44 59 58 58

Réservations :
Possibles sur place, par téléphone ou par internet.

- 1 Métro ligne 1 - Saint-Paul
- 5 Métro ligne 5 - Bréguet Sabin
- 7 Métro ligne 7 - Pont-Marie
- 8 Métro ligne 8 - Chemin Vert

Visites avec un intervenant culturel du musée

Visite guidée / visite animation / conte / conférence (durée 1h)	5 €	3 €	**Gratuit** sur présentation d'un justificatif pour : • Les demandeurs d'emploi • Les titulaires des minima sociaux • Les personnes en situation de handicap ainsi que leur accompagnateur
Visite guidée / visite animation / conte / conférence (durée 1h45)	7 €	5 €	

1) Quelle est l'adresse du musée ?

2) Dans quel arrondissement se situe le musée ? *(Regardez les 2 derniers chiffres du code postal)*

⇨ **Identifiez cet arrondissement sur la carte de Paris :**

3) Quels jours peut-on aller au musée ?

4) Est-ce qu'on peut entrer dans le musée le jour de Noël ?

5) Comment peut-on réserver des places ?

6) Combien coûte l'entrée pour 2 adultes (plein tarif) et un enfant (tarif réduit) pour une visite avec intervenant (1h) ?

7) Vous voulez aller au musée avec votre frère handicapé. Combien vous coûtera l'entrée ?

8) Quelles lignes de métro pouvez-vous utiliser pour aller au musée ?

9) Le musée ferme dans 15 minutes. Est-ce encore possible de faire une très courte visite ?

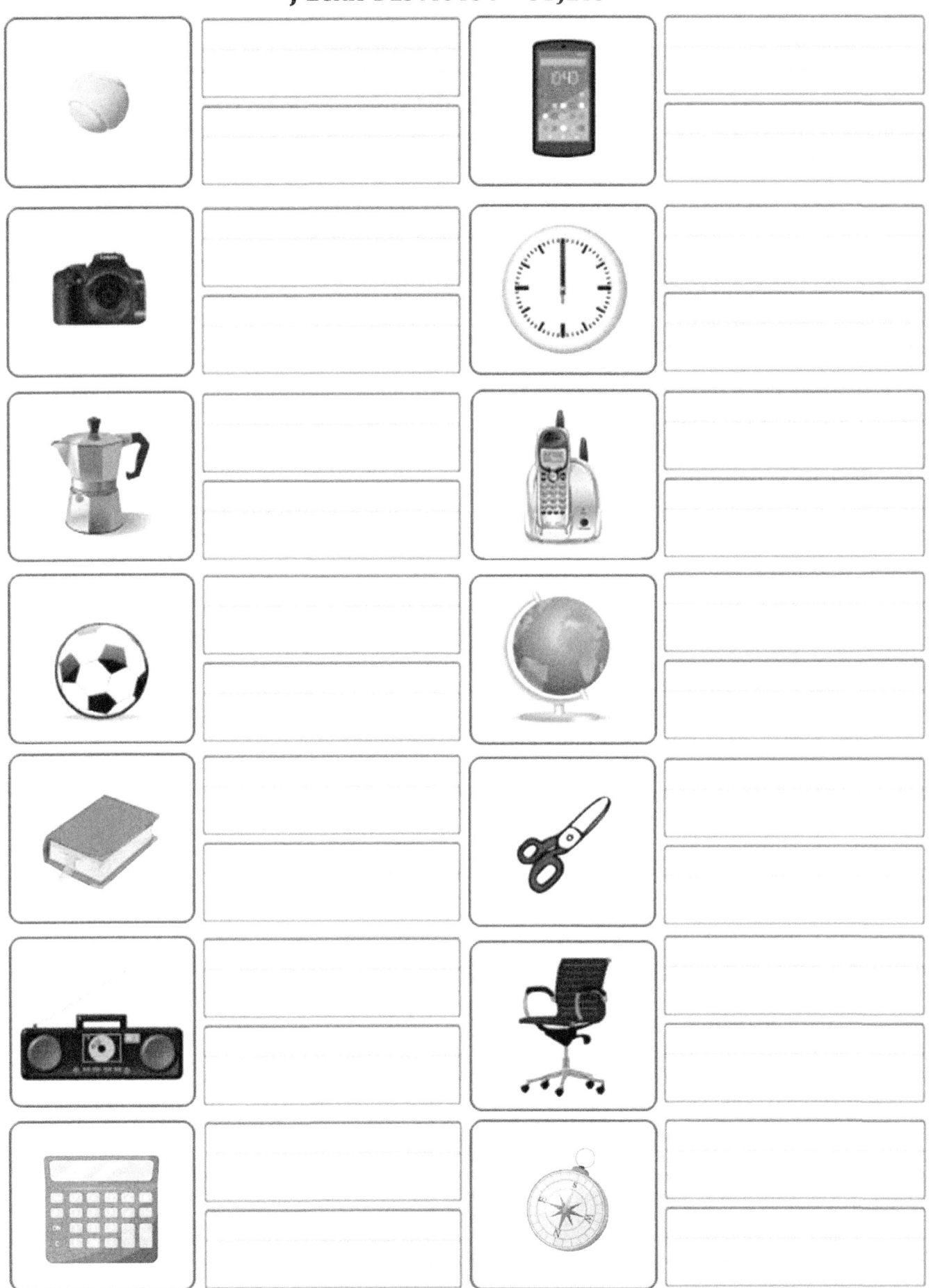

J'ecris des mots : « Objets »

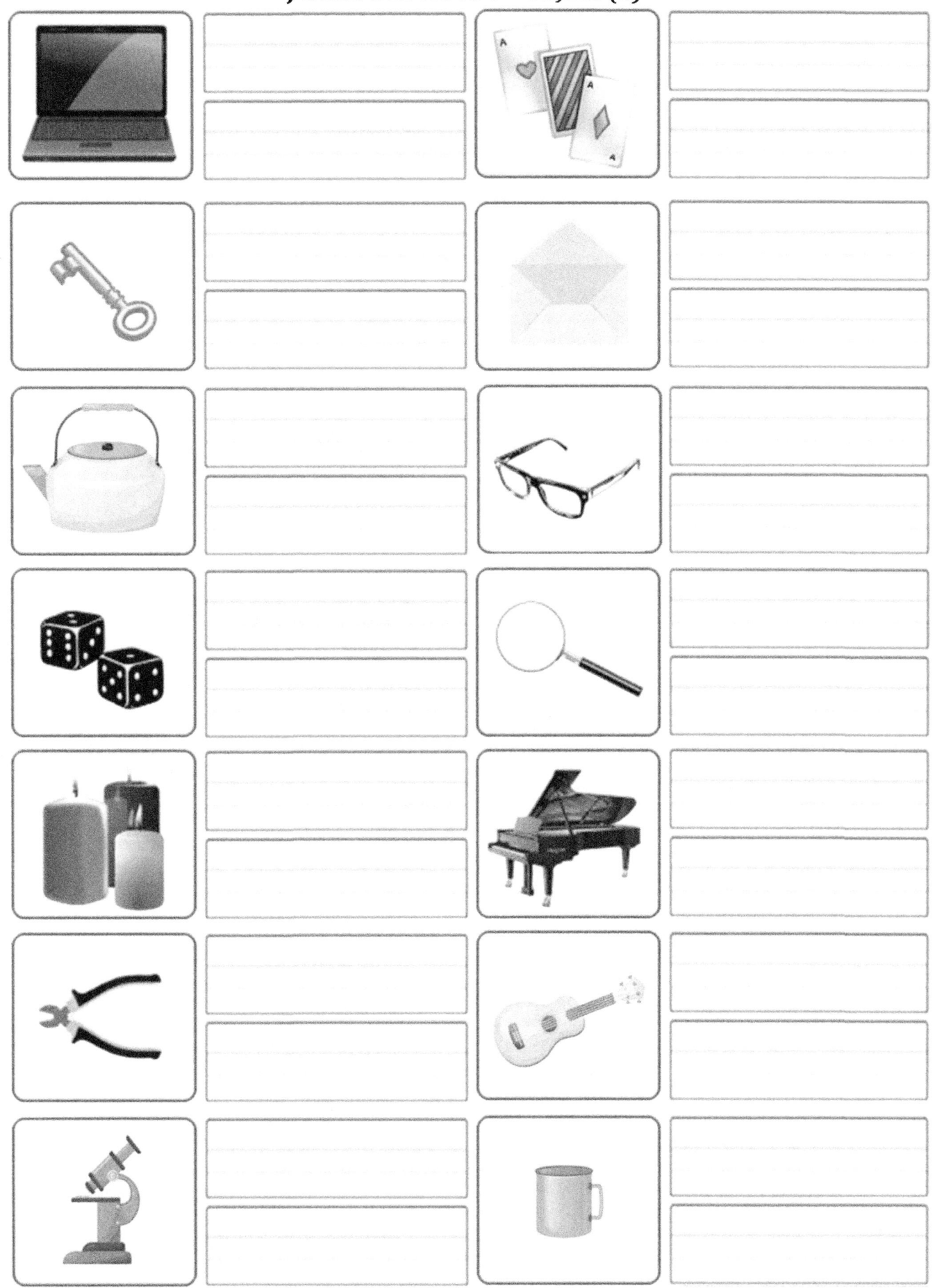

J'ECRIS DES MOTS : « *Objets (2)* »

J'écris des mots : « Fruits »

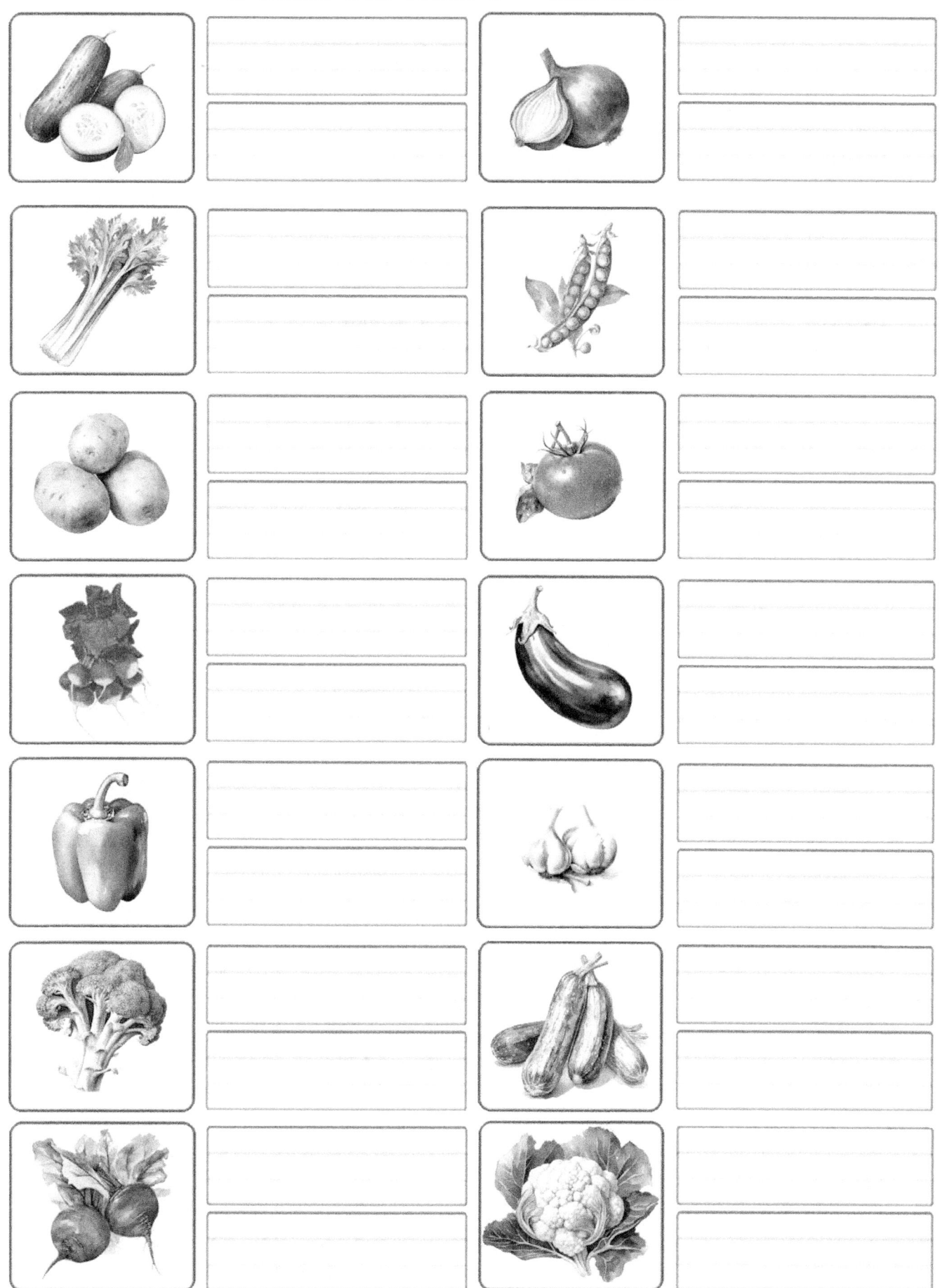

J'écris des mots : « Légumes »

J'écris des mots : « Animaux de la ferme »

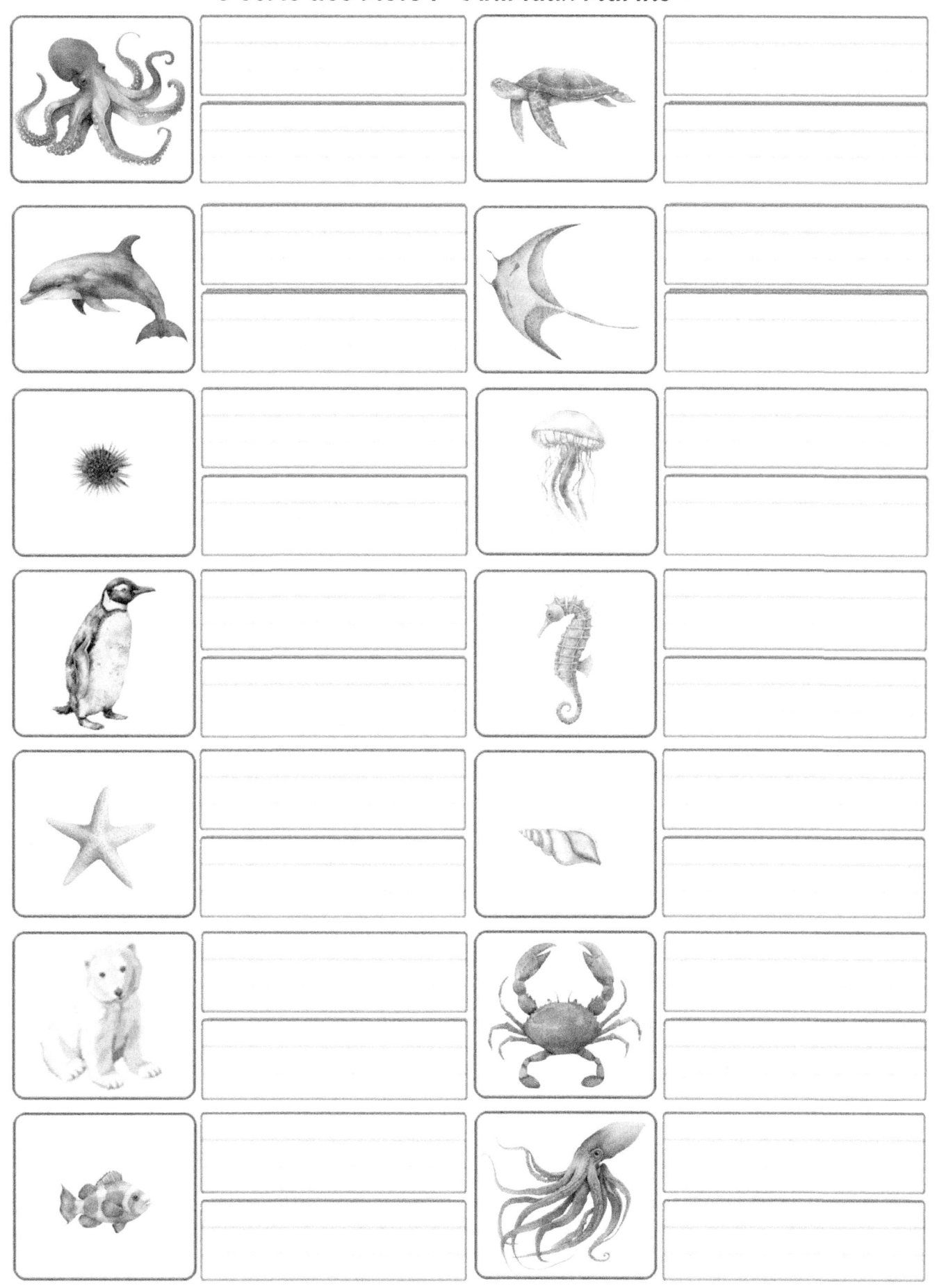

J'écris des mots : « Animaux marins »

J'écris des mots : « Au jardin »

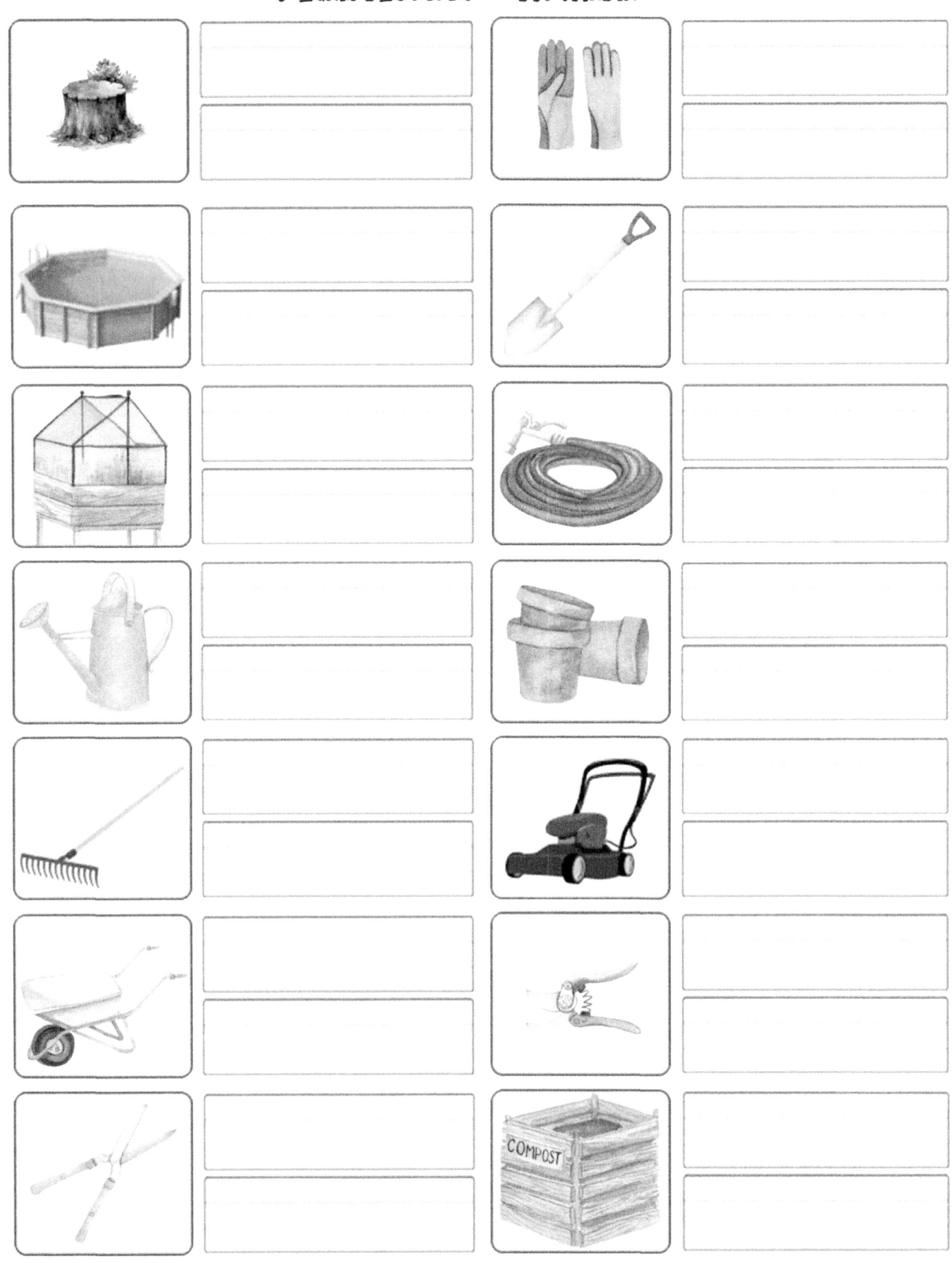

J'écris des mots : « Les moyens de transport »

J'ECRIS DES PHRASES

Forme des phrases à partir des mots qui donnés.

prendre / photo	
regarde - téléphone en marchant	
tire / valise	
regarde / carte	
pilote / hélicoptère	
porte / valises	
conduit / voiture	
sourit / porte / bagages	

Forme des phrases à partir des mots donnés.

les chats – manger – spaghetti	
le chat – jouer – flûte	
le chat – tirer – ballon	
le chat – faire – dessin	
le chat – prendre – photo	
les chats – faire – sieste	
le chat et le chaton – lire – histoire	

les chats – faire – la valise	
les chats – partir – en vacances	
les chats – rouler – à moto	
le chat – étendre – le linge	
le chat – regarder – poisson	
le chat – ouvrir – porte	
le chat – jouer – golf	

L'AUXILIAIRE AVOIR

① **Complète le tableau en conjuguant le verbe AVOIR, en t'aidant de la colonne de gauche.**

AVOIR	PERSONNE	
j'ai	1ère personne du singulier	
tu as	2ème personne du singulier	
il a / elle a / on a	3ème personne du singulier	_____ / _____ / _____
nous avons	1ère personne du pluriel	
vous avez	2ème personne du pluriel	
ils ont / elles ont	3ème personne du pluriel	_____ / _____

② **Complète les phrases en utilisant le verbe AVOIR.**

1. J'_____ un frère ici.

2. Souvent, j'_____ faim vers midi.

3. Vous n'_____ pas votre livre ?

4. Ils _____ vraiment trop de travail.

5. Karim _____ la même idée que toi !

6. Est-ce que tu _____ mal à la tête ?

7. Nous _____ une sœur.

8. J'_____ vraiment envie de voir ce film.

9. _____-vous une voiture ?

10. Elle _____ un chien à la maison

11. On _____ de la famille en Afrique.

12. Stef et Théo _____ des amis ici.

L'AUXILIAIRE ÊTRE

① **Complète le tableau en conjuguant le verbe ÊTRE, en t'aidant de la colonne de gauche.**

ÊTRE	PERSONNE	
je suis	1ère personne du singulier	
tu es	2ème personne du singulier	
il est / elle est / on est	3ème personne du singulier	/ /
nous sommes	1ère personne du pluriel	
vous êtes	2ème personne du pluriel	
ils sont / elles sont	3ème personne du pluriel	/

② **Complète les phrases en utilisant le verbe ÊTRE.**

1. Le matin, je _____ souvent fatigué.

2. À partir de 10 heures, nous _____ au boulot.

3. Ils _____ très pressés.

4. Vous n' _____ pas contents ?

5. Parfois, il _____ encore au travail à 23 heures.

6. Combien _____ -nous aujourd'hui ?

7. Je _____ moins âgé que lui.

8. Depuis trois jours, on _____ tous enrhumés.

9. Alexandre et Victoria _____ absents depuis une semaine.

10. Nous _____ ici depuis une demi-heure.

11. On _____ en cours de français !

12. Tu _____ dans le jardin ?

13. Elles ne _____ pas en France.

LES AUXILIAIRES ÊTRE ET AVOIR

① **Rappel : Complète le tableau en conjuguant ces deux verbes.**

PERSONNE	AVOIR	ÊTRE
1ère personne du singulier		
2ème personne du singulier		
3ème personne du singulier	/ /	/ /
1ère personne du pluriel		
2ème personne du pluriel		
3ème personne du pluriel	/	/

② **Complète les phrases avec le bon verbe (conjugué ou à l'infinitif).**

1) Tu _____ malade ? Tu n' _____ pas l'air très en forme aujourd'hui.

2) Il _____ parti en vacances hier. Je n' _____ pas pu le voir avant son départ, c' _____ triste !

3) Nous _____ de la chance d' _____ en vacances !

4) Ils _____ des enfants qui _____ encore petits.

5) Vous _____ une belle maison ! Elle _____ un jardin, non ?

6) Ils _____ un cours de français tout à l'heure, c' _____ une bonne chose.

7) Tu _____ encore en retard ! J'en _____ marre !

8) Mon petit frère _____ peur du noir, il _____ encore petit.

9) Tu _____ prête pour aller au restaurant ?

10) Ils _____ envie de sortir en famille.

11) Il y _____ les clés de la maison sur la table

81

12) Je _____ le plus petit de ma famille, mes frères et sœurs _____ plus grands que moi.

13) J' _____ de la chance car je _____ en bonne santé.

14) Mes amis _____ gentils avec moi : ils m'invitent souvent à manger chez eux, ils _____ une grande maison.

15) Dans le jardin de ma famille, nous _____ beaucoup d'arbres fruitiers. Leurs fruits _____ tellement bons !

③ Conjugue avec ÊTRE ou AVOIR (à la bonne forme)

Ils _____ chaud	Nous _____ peur	Il _____ un chien
J' _____ faim	Vous _____ un fils	Tu _____ en colère
Nous _____ amis	Je _____ assoiffé	Vous _____ froid
Ils _____ énervés	On _____ envie de dormir	Tu _____ en classe
Elle _____ malheureuse	Il _____ vingt ans	Nous _____ fatigués
On _____ soif	Elles _____ tristes	Je _____ un peu perdu
Ils _____ affamés	Elle _____ très drôle	Nous _____ en forme

82

JE COMPLETE DES PHRASES : « *LES VERBES DU PREMIER GROUPE* »

① **Leçon.**

Les verbes du premier groupe sont une classe de verbes dont l'infinitif se termine par -er, **sauf le verbe aller** qui est du troisième groupe. Leur conjugaison suit le modèle du verbe **aimer**. Ci-dessous, recopie le verbe AIMER sur la colonne de droite, en t'aidant de celle tout à gauche.

AIMER	PERSONNE	
j'aime	1ère personne du singulier	
tu aimes	2ème personne du singulier	
il aime / elle aime / on aime	3ème personne du singulier	/ /
nous aimons	1ère personne du pluriel	
vous aimez	2ème personne du pluriel	
ils aiment / elles aiment	3ème personne du pluriel	/

② **Conjugue les verbes du premier groupe ci-dessous.**

1. Nous _____ le gâteau au chocolat. *(savourer)*

2. Vous _____ du pain. *(couper)*

3. Chez moi, nous _____ rarement la télévision. *(regarder)*

4. Vous _____ bientôt ? *(arriver)*

5. Ils _____ la parole. *(demander)*

6. Nous _____ souvent des frites. *(manger)*

7. Karim et moi _____ parfois au foot. *(jouer)*

8. Ils n' _____ jamais quand je parle. *(écouter)*

9. En ce moment, nous _____ le français. *(étudier)*

10. On _____ de bons plats pour la famille. *(préparer)*

11. Je _____ mes vêtements *(laver)*

Je conjugue le verbe « aller »

① **Complète le tableau en conjuguant le verbe ALLER au présent de l'indicatif.**

ALLER	PERSONNE
je vais	1ère personne du singulier
tu vas	2ème personne du singulier
il va / elle va / on va	3ème personne du singulier
nous allons	1ère personne du pluriel
vous allez	2ème personne du pluriel
ils vont / elles vont	3ème personne du pluriel

② **Complète les dialogues avec le verbe aller à la bonne forme.**

Un enfant parle avec son père :
1- Papa, on _____ au cirque ?
2- Au cirque ?
1- Oh oui !
2- Mais il y a un cirque à côté d'ici ?
1- Oui ! Il est sur la place. Martin et Paul y _____ aussi !
2- Bon, d'accord, je viens avec toi.
1- Super ! Je _____ me préparer !
2- Oui, et prends ton appareil photo !

Deux amis discutent :
1- Tu sais où je _____ aller avec ma famille ?
2- Non, dis-moi.
1- Nous _____ à Paris !
2- À Paris ! La chance ! Tu pars quand ?
1- Dans 3 jours ! Ça va être super ! Je _____ prendre pleins de photos !
2- Oh oui, tu me les montreras !
1- Ouais !! On _____ visiter la tour Eiffel, le Louvre…
2- Et vous voyagerez comment ?
1- Nous _____ prendre le train.

Deux amis discutent de leurs vacances :
1- Demain, je pars en vacances !
2- Ah ouais ? Tu _____ où ?
1- Je _____ en Italie.
2- C'est bien ! Moi je _____ en Espagne voir mes cousins.
1- Tu y _____ tout seul ?
2- Non, mes parents _____ venir aussi.
1- Vous _____ bien vous amuser !
2- Oui c'est sûr !
1- Bonnes vacances !
2- Merci, à toi aussi.

Deux amis discutent :
1- Salut !
2- Salut ! Tu veux _____ au ciné avec moi ?
1- Non, je ne peux pas, mes parents _____ chez des amis, je dois rester à la maison.
2- Ah ok ! C'est dommage ! Tu _____ faire quoi sinon ce week-end ?
1- Je pense que je _____ regarder la télé, faire mes devoirs, jouer à l'ordinateur. Et toi ?
2- On _____ se promener avec ma famille ! Allez j'y _____ , bonne journée mon pote !
1- Bonne journée !

84

Je conjugue le verbe « faire »

① **Complète le tableau en conjuguant le verbe FAIRE au présent.**

Personne	FAIRE
1ère personne du singulier	je _____
2ème personne du singulier	tu _____
3ème personne du singulier	il / elle _____ / on _____ / ça _____
1ère personne du pluriel	nous _____
2ème personne du pluriel	vous _____
3ème personne du pluriel	ils _____ / elles _____

② **Complète les phrases en utilisant le verbe FAIRE.**

Une fois que tu as vérifié ta réponse, recopie chaque phrase sur l'espace en-dessous.

1. Je _____ à manger dans la cuisine avec ma mère.

2. Qu'est-ce que vous _____ ? Vous _____ du bruit !

3. Il _____ vraiment froid aujourd'hui !

4. Tu _____ semblant de dormir !

5. Ça _____ mal aux yeux, les écrans !

6. Ma mère et moi, nous _____ souvent les courses ensemble.

7. Les voisins _____ trop de bruit. Ça _____ mal aux oreilles.

8. Vous _____ souvent la cuisine ?

9. On _____ une balade tout à l'heure ?

10. Ils _____ la queue devant la Poste.

11. Je te _____ un chocolat chaud ? ou tu préfères un thé ?

12. Elle _____ ses études aux Etats-Unis.

13. Alex et Victoria _____ un gâteau ensemble.

85

CONJUGAISON : « *LES VERBES DE GOUT* »

✎ **Conjugue les verbes ci-dessous.**

| Adorer – Aimer (bien) – Apprécier – Ne pas aimer – Détester - Haïr |

PERSONNE	ADORER ☺☺	AIMER ☺
1ère personne du singulier	J'	J'
2ème personne du singulier	Tu	Tu
3ème personne du singulier	Il / Elle / On	Il / Elle / On
1ère personne du pluriel	Nous	Nous
2ème personne du pluriel	Vous	Vous
3ème personne du pluriel	Ils / Elles	Ils / Elles

PERSONNE	APPRECIER ☺	NE PAS AIMER ☹
1ère personne du singulier	J'	Je
2ème personne du singulier	Tu	Tu
3ème personne du singulier	Il Elle On	Il Elle On
1ère personne du pluriel	Nous	Nous
2ème personne du pluriel	Vous	Vous
3ème personne du pluriel	Ils / Elles	Ils / Elles

PERSONNE	DETESTER ☹☹	HAÏR ☹☹
1ère personne du singulier	Je	Je
2ème personne du singulier	Tu	Tu
3ème personne du singulier	Il / Elle / On	Il / Elle / On
1ère personne du pluriel	Nous	Nous
2ème personne du pluriel	Vous	Vous
3ème personne du pluriel	Ils / Elles	Ils / Elles

JE COMPLETE DES PHRASES : « QUEL EST LE BON MOT ? »

Choisis le mot qui correspond à chaque phrase

1. – Où es-tu, Stéphanie ? – Je suis _____ ma chambre.
       avec   sur   dans

2. – Tu vas au cours de français ? – Oui, j'_____ vais.
       en   au   y

3. – _____ heure est-il ? – Il est huit heures.
       Quel   Quelle   Que

4. – Il _____ beau ? – Non, il pleut.
       finit   fait   est

5. _____ vite, sinon tu vas être en retard.
       Mange   Range   Parle

6. _____ parle pas trop fort, j'ai mal à la tête.
       Ne   Se   Te

7. Tu mets combien de sucres dans ton café ? - J'_____ mets deux.
       y   ai   en

8. Téléphone-_____ ce soir, s'il te plaît
       me   moi   je

9. Je parle à mon ami Anass _____ téléphone.
       au   sur   en

10. Tu connais mon ami ? - Oui, je _____ connais.
        la   le   lui

11. Dis bonjour à Annie ! - Oui, je vais _____ dire.
        les   lui   leur

12. Tu peux me prêter ton parapluie ? - Oui, je te _____ prête.
        les   le   lui

13. Je _____ dépêche parce qu'il est tard !
        te   lui   me

14 Je _____ vers cinq heures.

    rentrons rentre rentrez

15 – Tu dois aller à la banque ? – Non, j'y _____ déjà allé hier.

    suis ai dois

16 – Tu _____ pris tes livres ? – Oui, c'est bon !

    es as vas

17 – Tu as bien _____ ? – Non, pas trop.

    travaille travaillé travaillait

18 J' _____ fatiguée hier soir.

    avais ai étais

19 Cette nuit, j'ai _____ des rêves bizarres.

    fait fais faire

20 Dans mes rêves, je _____ mon grand-père.

    parlais voyons voyais

21 J'ai téléphoné à Jacques hier soir, mais il n' _____ pas rentré.

    était étions avait

22 Tu connais mon amie Jeanne ? – Oui, je _____ connais.

    la le lui

22 Il était _____ pour aller au cinéma.

    sorti vu rentré

23 Arthur a trouvé la personne _____ il cherchait.

    qui qu' dont

24 C'est une actrice _____ on parle souvent en ce moment.

    que dont qui

25 C'est _____ qui a eu un nouveau travail cette année.

    moi lui eux

Je transforme des phrases : « *Le present progressif* »

① **Leçon**

Le présent progressif sert à décrire **une action qui se déroule au moment où on parle**.

Il se forme avec le verbe **ÊTRE** (au présent) + ***en train de*** + verbe à l'infinitif.

Exemple : DORMIR (à la 1ère personne du singulier) ⇨ *Je suis **en train de** dormir.*

② **Conjugue les verbes au présent progressif**

1. Les garçons – jouer

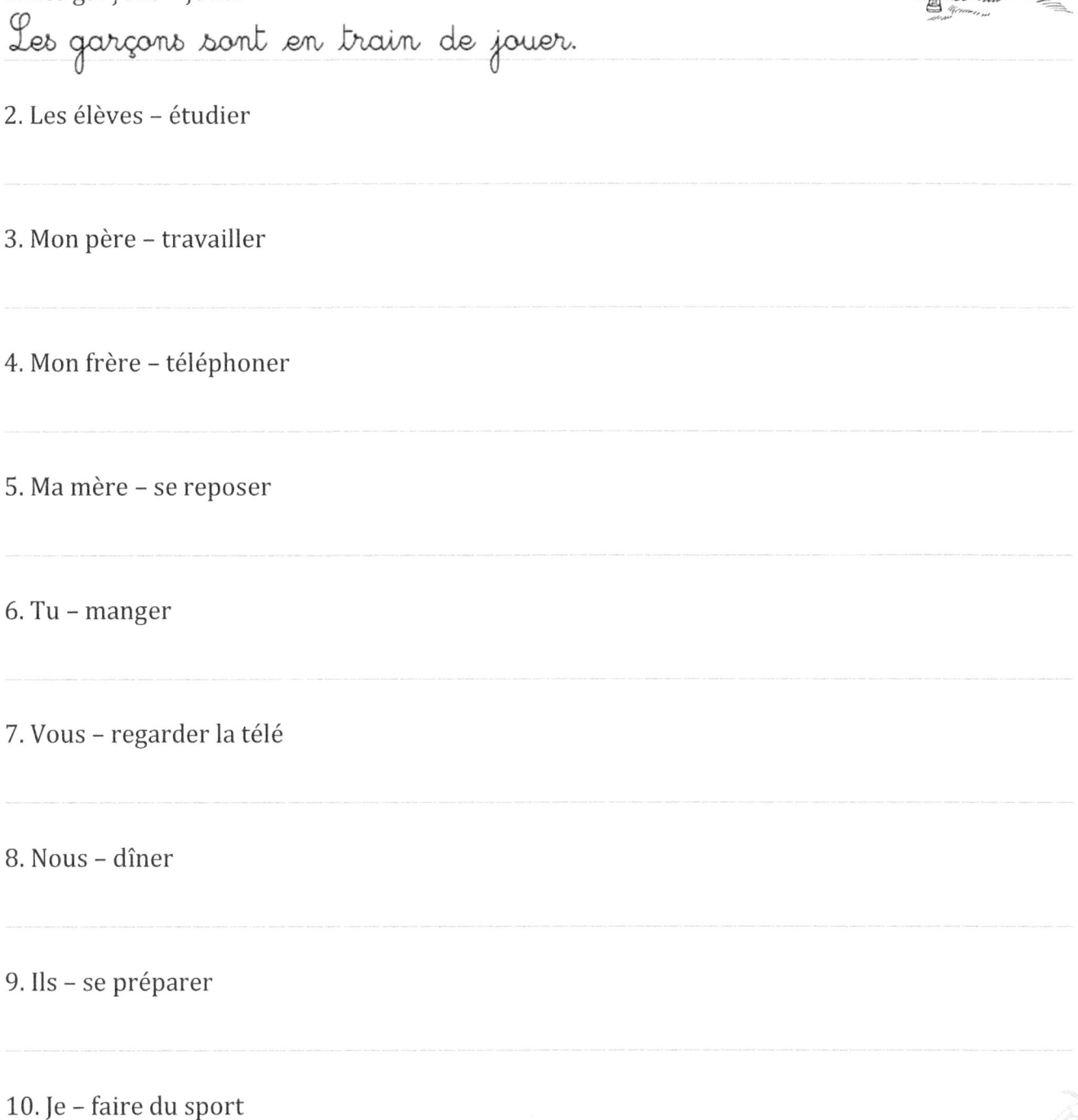

Les garçons sont en train de jouer.

2. Les élèves – étudier

3. Mon père – travailler

4. Mon frère – téléphoner

5. Ma mère – se reposer

6. Tu – manger

7. Vous – regarder la télé

8. Nous – dîner

9. Ils – se préparer

10. Je – faire du sport

Je réponds à des questions : « *Réponses affirmatives* »

Réponds aux questions de façon affirmative.

1. Est-ce que tu as faim ? *Oui, j'ai faim.*
2. Est-ce que tu as soif ? *Oui,*
3. Est-ce que tu as un stylo ?
4. Est-ce que tu es en forme ?
5. Est-ce que ton ami est là ?
6. Est-ce qu'il fait beau ?
7. Est-ce que tu as du temps libre ?
8. Tu as un ordinateur ?
9. Tu aimes le fromage ?
10. Tu sais lire, non ?
11. Tu aimes faire du sport ?
12. Tu aimes les jeux vidéo ?
13. Tu apprends le français ?
14. Tu aimes faire les courses ?
15. Tu vas souvent sur Internet ?
16. Il a un smartphone ?
17. J'ai un cil sur le visage ?
18. Tu es grand(e) ?

Je réponds à des questions : « *Réponses négatives* »

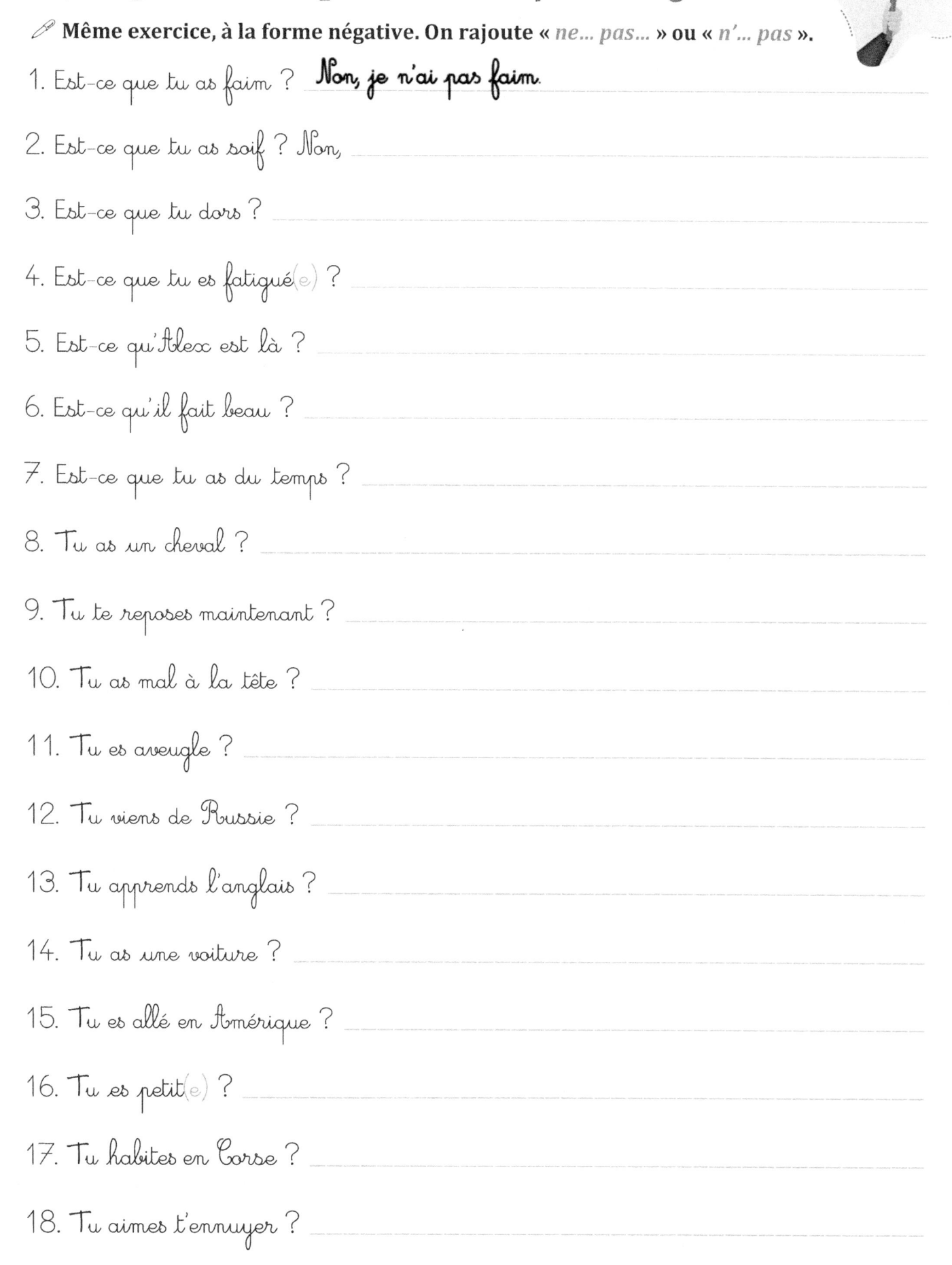

Même exercice, à la forme négative. On rajoute « ne... pas... » ou « n'... pas ».

1. Est-ce que tu as faim ? *Non, je n'ai pas faim.*
2. Est-ce que tu as soif ? Non,
3. Est-ce que tu dors ?
4. Est-ce que tu es fatigué(e) ?
5. Est-ce qu'Alex est là ?
6. Est-ce qu'il fait beau ?
7. Est-ce que tu as du temps ?
8. Tu as un cheval ?
9. Tu te reposes maintenant ?
10. Tu as mal à la tête ?
11. Tu es aveugle ?
12. Tu viens de Russie ?
13. Tu apprends l'anglais ?
14. Tu as une voiture ?
15. Tu es allé en Amérique ?
16. Tu es petit(e) ?
17. Tu habites en Corse ?
18. Tu aimes t'ennuyer ?

Le genre : masculin et féminin

✏ **Change le genre des mots en gras.**
Exemple : Cet homme est bavard. ⇨ Cette femme est bavarde.

1) **Le lion** est **le roi** des animaux.
⇨ _____ des animaux.

2) **Mon fils** est avec **mon frère**. ⇨ _____

3) **Le boulanger** parle avec **le postier**.
⇨ _____

4) **Le prince anglais** parle avec son **ami chinois**.
⇨ _____

5) **Le vendeur** discute avec **un client**.
⇨ _____

6) **Cet homme** est **veuf**. ⇨ _____

7) **Le directeur** est très **sportif**. ⇨ _____

8) **Le maître** d'école est un peu **sec**. ⇨ _____

9) **L'infirmier** travaille très bien. Je suis **admiratif** !
⇨ _____

10) **Mon neveu** parle avec **mon oncle**.
⇨ _____

11) **Le gardien** de l'immeuble est très **gentil**.
⇨ _____

12) **Jean** est **doux** et **attachant**.
⇨ _____

13) **Ce stylo** est **tout neuf**. ⇨ **Cette voiture** _____

14) **Mon père** est **courageux** et **dévoué** aux autres.
⇨ _____

15) **Ce garçon** est **mignon** ⇨ _____

EXPRESSION ECRITE : « *LE PLURIEL* »

✎ Transforme les phrases suivantes au pluriel.

Mon voisin a un chat ⇨ *Mes voisins ont des chats.*

1) **Il a** mal **au genou.** ⇨ Ils _____

2) **Mon fils est** en vacances.

⇨ Mes _____

3) Il y a **une petite souris** là-bas.

⇨ _____

4) **Tu as** mal **à l'œil ?**

⇨ Vous _____ ?

5) **Il va** acheter **un matelas.**

⇨ Ils _____

6) **Je** mange **un chou.**

⇨ Nous _____

7) **Il achète une boîte.**

⇨ Ils _____

8) **Tu lis le journal.**

⇨ Vous _____

9) **Elle porte un bijou.**

⇨ Elles _____

10) **J'ai un enfant.**

⇨ Nous _____

11) Il a perdu un cheveu.

⇨ Ils

12) Le cheval est un animal fidèle.

⇨ Les

13) J'ai un travail à faire.

⇨ Nous

14) Le prix est élevé.

⇨ Les

15) L'oiseau vole dans le ciel.

⇨ Les

16) Le hibou est un animal nocturne.

⇨ Les

17) Ce manteau est très beau !

⇨ Ces

18) Le pou est un parasite.

⇨ Les

19) Il y a un clou dans le pneu.

⇨ Il

20) Le crayon est cassé. ⇨

Les

COMPREHENSION ECRITE : « *LES PRONOMS INTERROGATIFS* »

*En français, il existe de nombreux pronoms interrogatifs, comme : **qui, que, où, comment, quoi, quand, combien, à qui**... Ils servent à **poser des questions**.*

✎ **Complète chaque espace vide avec le pronom interrogatif approprié.**
Exemple : – **Qui** es-tu ? – Je suis Alain !

a. _____ allons-nous ? – À Paris !

b. _____ dis-tu ? – Je dis que je n'ai pas faim !

c. _____ ça coûte ? – Très cher ! Je n'ose pas te le dire… !

d. _____ ça va ? – Ça peut aller.

e. _____ tu t'appelles ? – Sylvain, et toi ?

f. _____ fais-tu dans la vie ? – Je suis manutentionnaire.

g. _____ est-ce ? – Elle ? C'est Claudia.

h. _____ d'enfants as-tu ? – J'en ai trois !

i. _____ tu parles ? – Je parle à ma mère !

j. _____ tu pleures ? – Parce que je me suis fait très mal.

k. D'_____ viens-tu ? – De Côte d'Ivoire.

l. De _____ as-tu besoin ? – D'un peu d'aide !

m. _____ est-ce que tu auras du temps ? – Tout à l'heure.

n. _____ veut faire la vaisselle ? – Pas moi, c'est mort ! Je l'ai déjà faite hier !

o. _____ tu vas au bled ? – En avion !

p. Tu fais _____ là ? – Je travaille, ça ne se voit pas ?

q. _____ est-ce que tu pars cet été ? – Je vais aux États-Unis

r. _____ est-ce qu'on va à la plage ? – Dans 20 minutes, patiente un peu !

s. _____ Il te doit ? – Une petite somme…

t. Tu arrives _____ ? – J'arrive d'Alger.

u. Il a ramené _____ ? – Des chips et des boissons !

v. _____ vient avec toi ? – Mon meilleur ami.

MOTS CROISÉS : « LES CONTRAIRES »

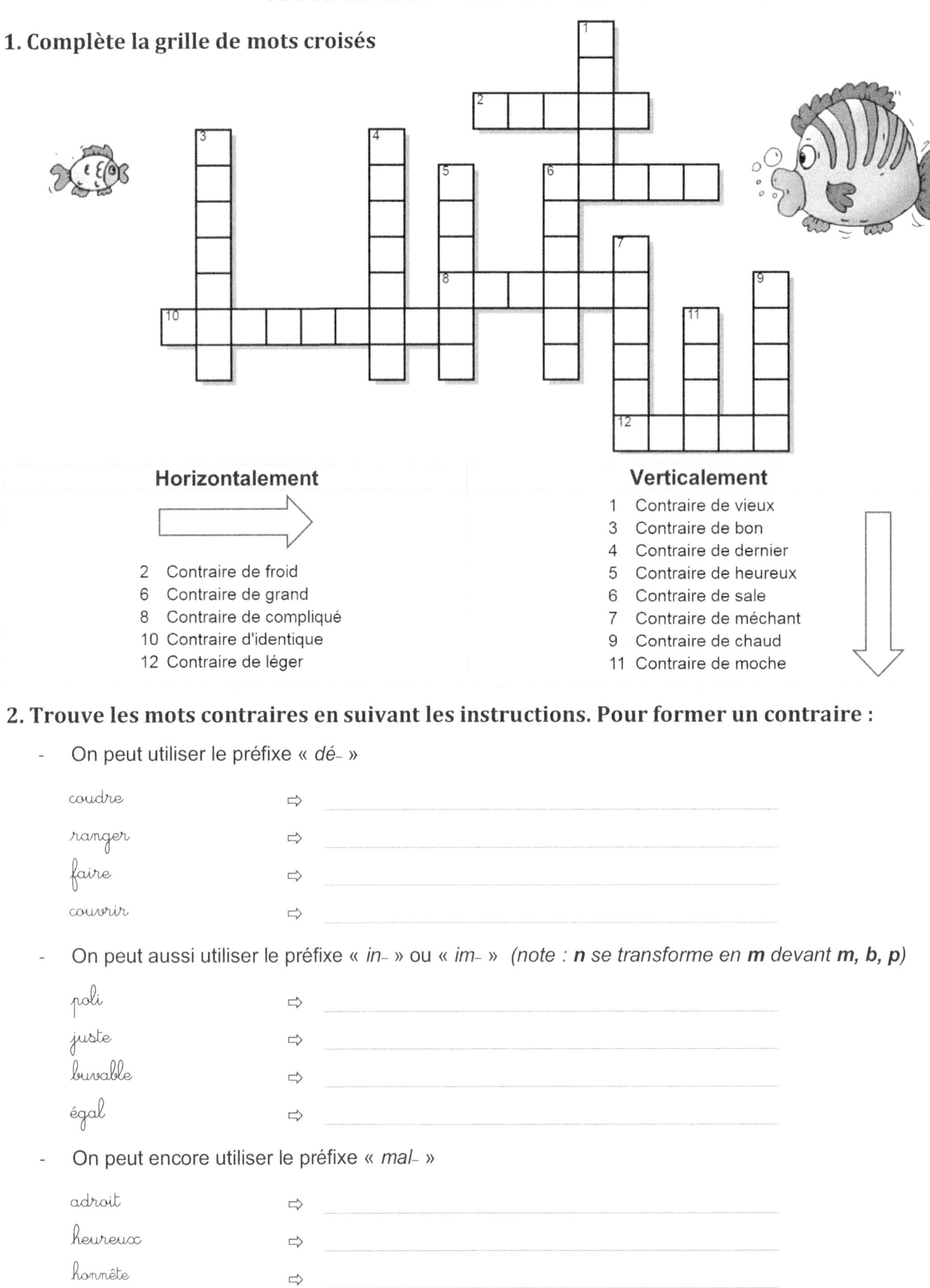

1. Complète la grille de mots croisés

Horizontalement

2 Contraire de froid
6 Contraire de grand
8 Contraire de compliqué
10 Contraire d'identique
12 Contraire de léger

Verticalement

1 Contraire de vieux
3 Contraire de bon
4 Contraire de dernier
5 Contraire de heureux
6 Contraire de sale
7 Contraire de méchant
9 Contraire de chaud
11 Contraire de moche

2. Trouve les mots contraires en suivant les instructions. Pour former un contraire :

- On peut utiliser le préfixe « dé- »

    coudre ⇨ _____
    ranger ⇨ _____
    faire ⇨ _____
    couvrir ⇨ _____

- On peut aussi utiliser le préfixe « in- » ou « im- » (note : **n** se transforme en **m** devant **m, b, p**)

    poli ⇨ _____
    juste ⇨ _____
    buvable ⇨ _____
    égal ⇨ _____

- On peut encore utiliser le préfixe « mal- »

    adroit ⇨ _____
    heureux ⇨ _____
    honnête ⇨ _____

COMPREHENSION : « *REMPLIR UN CHEQUE* »

1) Vous devez payer 150 € à l'entreprise Arti-Bat' pour la réparation de votre store.

2) Vous devez payer 105 € au Trésor Public.

3) Vous devez payer 189 € pour l'association sportive de votre ville.

COMPREHENSION : « RECONNAISSANCE DE DOCUMENTS ADMINISTRATIFS »

✎ **Écris la lettre qui correspond à la bonne description, dans chaque espace vide.**

1. _____

2. _____

3. _____

4. _____

5. _____

6. _____

7. _____

8. _____

9. _____

10. _____

A. Une **carte bancaire**, aussi appelée **carte bleue** (⇨ pour payer)

B. Une **carte Navigo** (⇨ pour prendre les transports en commun)

C. Un **passeport**

D. Des **tickets T+** (pour prendre les transports en commun)

E. Une **carte Vitale** (pour les frais de santé)

F. Une **carte d'identité**

G. Un **livret de famille**

H. Une **carte de séjour**

I. Une **carte de visite**

J. Un **permis de conduire**

98

Vocabulaire : Émotions et sentiments

Complète chaque phrase (1 à 10) de la <u>partie A</u> avec les bouts de phrases (a-j) de la <u>partie B</u>.

PARTIE A :

1. Je suis épuisé parce que _____

2. Je me sens seul car _____

3. J'ai peur car _____

4. Je suis concentré parce que _____

5. Je suis fier de moi parce que _____

6. Je suis heureux parce que _____

7. Je suis sensible parce que _____

8. Je me sens bien parce que _____

9. Je suis prudent car _____

10. Je m'ennuie parce que _____

PARTIE B :

a) je ne prends pas beaucoup de risques.

b) je n'ai pas bien dormi cette nuit.

c) tous mes amis sont partis en vacances.

d) je viens de prendre un bon bain.

e) nous allons à Disneyland aujourd'hui !

f) j'ai eu un 20/20 en français !

g) il y a une araignée dans la baignoire.

h) je suis seul à la maison et je n'ai rien à faire.

i) je dois terminer rapidement ce travail.

j) j'éprouve facilement des émotions, comme la compassion

EXPRESSION ECRITE : « PRESENTATION DE PERSONNAGES »

Dans cet exercice, nous présenterons certaines personnes selon leur origine.

✎ **Présente les personnages suivants.**

1ᵉʳ personnage :

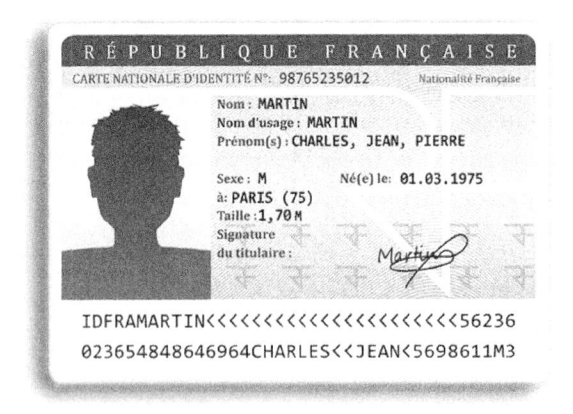

RÉPUBLIQUE FRANÇAISE
CARTE NATIONALE D'IDENTITÉ N°: 98765235012 Nationalité Française
Nom : MARTIN
Nom d'usage : MARTIN
Prénom(s) : CHARLES, JEAN, PIERRE
Sexe : M   Né(e) le : 01.03.1975
à : PARIS (75)
Taille : 1,70 M
Signature du titulaire :

IDFRAMARTIN<<<<<<<<<<<<<<<<<<<<<56236
023654848646964CHARLES<<JEAN<5698611M3

Donnez le maximum d'informations sur lui : nom, prénom, date de naissance, taille…

Cet homme s'appelle _____

2ᵉᵐᵉ personnage :
Prénom : Marcel
Nom : Dupont
Date de naissance : 10 août 1950
Lieu de naissance : Paris 15ᵉᵐᵉ
Adresse : 66 avenue des Champs-Élysées, 75008 Paris
Situation familiale : marié, deux enfants
Profession : Boulanger
Centres d'intérêt : Lecture, promenades, cinéma, shopping

Cet homme s'appelle _____

Compréhension et géographie : Bulletin météo

👀 **Lis bien le texte**

Voici le bulletin météo pour demain. À Paris, le temps sera nuageux. Il fera 5 degrés.

Dans le nord, il y aura de la grêle vers Lille. La pluie sera là tout au long de la journée à Bordeaux.

À Marseille, on aura un beau soleil, avec une température de 12 degrés et une légère brise. À Lyon, vous aurez un brouillard épais toute la journée, avec une température maximale de 2 degrés. Faites très attention sur la route !

À Toulouse, le temps sera un peu nuageux, la température sera de 8 degrés avec, parfois, des averses de pluie.

Les Niçois auront un très beau temps. Il fera 10 degrés.

✏️ **Place les villes suivantes, à côté des points :** Ajaccio, Bordeaux, Dijon, Lille, Lyon, Marseille, Nantes, Orléans, Paris, Rennes, Rouen, Strasbourg, Toulouse. Tu peux t'aider d'un atlas ou d'internet.

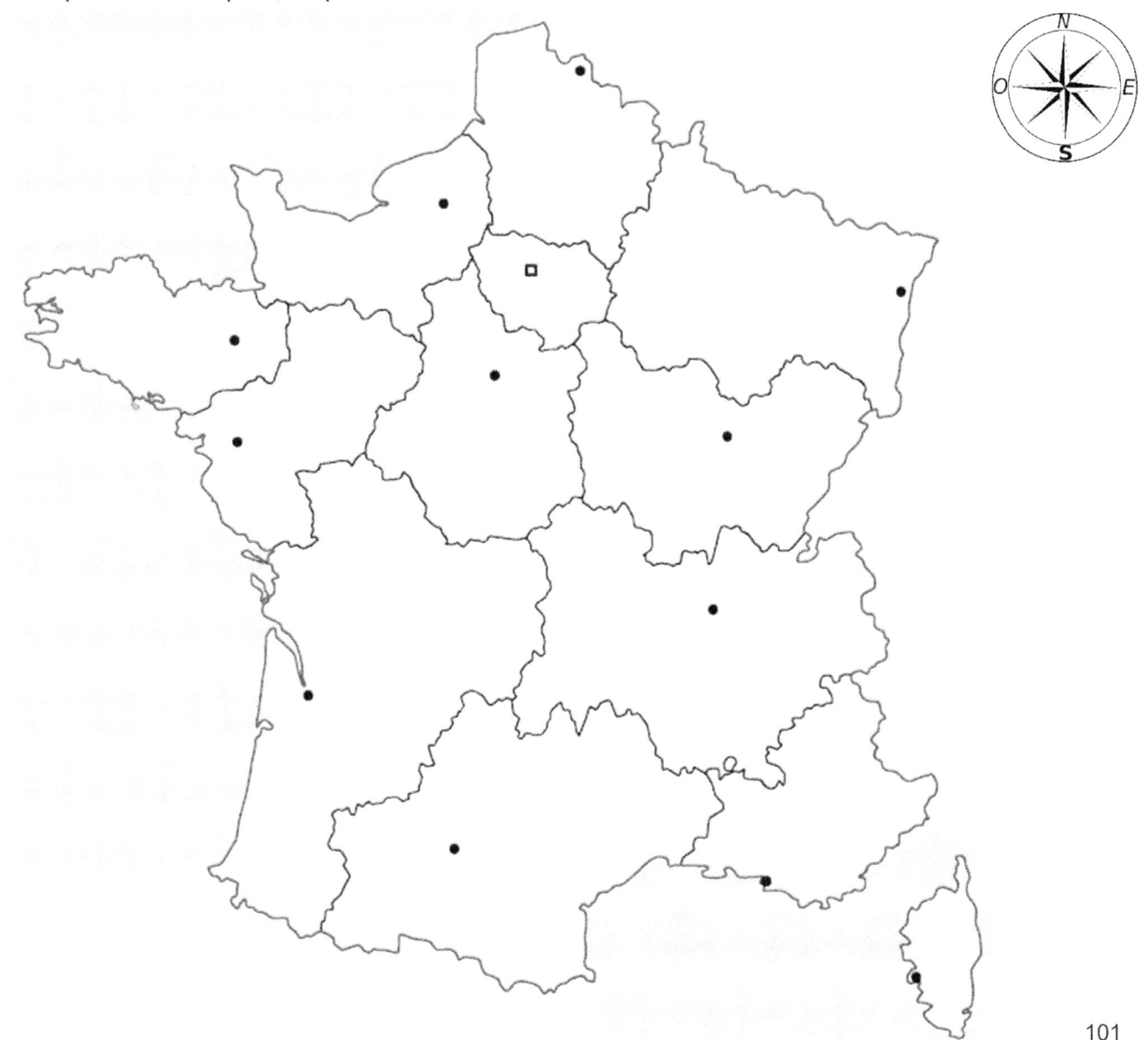

✏️ **Dessine le temps qu'il fait sur la carte :** ajoute des pictogrammes comme 🌥 ☀ 🌧 🌬 💨 et la température indiquée, d'après les informations du texte.

101

EXERCICES DE COMPRÉHENSION ET D'EXPRESSION ÉCRITES (A1)

Compréhension écrite. Lis le texte et répondez aux questions.

> Je travaille à la maison ;
> je fais des vêtements
> pour mes clients.
> Je ne suis pas seule,
> j'ai un petit chat :
> il s'appelle Félix.
> Il y a un petit jardin ici,
> alors il va dans le jardin
> et il joue avec le chat
> de la voisine.
>
> Clémentine, Lyon

1. Comment s'appelle la personne qui a écrit ce texte ? _____

2. Quelle est sa profession ?
   ☐ Elle fait le ménage   ☐ Elle fabrique des vêtements   ☐ Elle est jardinière

3. Quel animal a la personne ? _____
4. Comment s'appelle l'animal ? _____

5. Que fait l'animal ?
   ☐ Il se promène dans la rue   ☐ Il se promène dans le jardin   ☐ Il dort toute la journée

Expression écrite. Complétez avec vos informations personnelles.

1. Quel est votre prénom ? _____

2. Dans quelle ville habitez-vous ? _____

3. Où êtes-vous né(e) ? _____

4. Quelle est votre couleur préférée ? (*exemple* : bleu, rouge, vert etc.) _____

5. Avez-vous le permis de conduire ? _____

6. Avez-vous un animal ? Si oui, lequel ? _____

7. Aimez-vous regarder la télévision ? _____

8. Quelle est votre mois préféré ?

_____

9. Quel est votre date de naissance ? _____

Compréhension écrite : « Sarah est infirmière »

Lis le texte et réponds aux questions ci-dessous.

Voici Sarah. Elle est infirmière. Elle est grande et mince. Elle a 28 ans. Elle travaille dans un hôpital. Elle s'occupe des patients. Certains sont juste de passage, d'autres sont hospitalisés plus longtemps.

Sarah se lève à six heures du matin. Chaque matin, elle prend une douche et s'habille. Ensuite, elle prend son petit-déjeuner à six heures et demie. À sept heures, elle se rend en voiture à l'hôpital.

Nelly commence à travailler à huit heures. Elle nettoie les chambres de l'hôpital. Ensuite, elle aide les médecins. À midi, elle déjeune. Elle rentre chez elle à cinq heures du soir.

À la maison, elle prend de nouveau une douche, puis elle prépare le dîner. Le soir, elle dîne à sept heures trente. Ensuite, elle regarde la télé, passe du temps avec son mari et traîne sur internet. À dix heures, elle va se coucher. Le week-end, elle se détend et sort avec sa famille ou ses amis.

1. Comment s'appelle cette femme ? _____

2. Quel est son métier ? _____

3. Où travaille-t-elle ? _____

4. De qui s'occupe-t-elle là-bas ? _____

5. Comment se rend-elle au travail ? _____

6. Est-ce qu'elle se lève à six heures ? _____

7. Est-ce qu'elle prend son petit-déjeuner à sept heures ? _____

8. Où prépare-t-elle son dîner ? _____

9. Est-ce qu'elle vit en couple ? _____

10. À quelle heure déjeune-t-elle ? _____

11. À quelle heure dîne-t-elle ? _____

12. Que fait-elle le week-end ? _____

Test d'évaluation (A1+)

1. Mettez les mots de la liste au bon endroit, dans le texte (*10 points*)

> me lave le visage, au lit, nous nous réveillons, m'habille, dormir, me lève, rentre, le petit déjeuner, le dîner, pantalon

Dans notre famille, _____ (1) très tôt, vers 6 heures du matin.

Très vite, je _____ (2) et je vais dans la salle de bain où je _____ (3). Je regarde par la fenêtre pour savoir quel temps il fait et je _____ (4).

Je mets mon _____ (5) et mon pull.

On prend _____ (6) dans la cuisine.

Mes parents vont au travail et moi, je prends le bus pour aller à l'école.

Le soir, toute la famille _____ (7) à la maison et nous prenons _____ (8) ensemble.

À 22 heures environ, nous allons _____ (9) pour _____ (10).

2. Recopie la phrase en conjuguant le verbe au présent (*10 points*)

1) Je *(aller)* au magasin _____
2) Vous *(pouvoir)* m'aider pour porter les courses ? _____
3) Tu *(avoir)* deux places pour le parc Astérix. _____
4) Ils *(aller)* au cinéma ce soir. _____
5) Tu *(déjeuner)* au restaurant avec nous ? _____
6) Ils *(vouloir)* sortir ce soir
7) Vous *(être)* à la maison ?
8) Tu *(avoir)* deux places pour le Parc Astérix _____
9) Je *(connaître)* très bien l'Angleterre, c'est un beau pays _____
10) Je *(manger)* des tartines au petit déjeuner

3. Complète avec les mots adéquats : *du, de la, le, la, les, de* (*15 points*)

J'aime _____ (1) chocolat, _____ (2) bananes et _____ (3) glace à la vanille.

Mon père achète _____ (4) poisson, _____ (5) viande et _____ (6) tomates.

J'adore manger _____ (7) riz avec beaucoup _____ (8) légumes et de _____ (9) sauce soja.

J'aimerais _____ (10) café serré avec un peu _____ (11) lait.

Maman a acheté _____ (12) pain et un sac _____ (13) pommes de terre.

Ma sœur déteste _____ (14) fruits et _____ (15) légumes. C'est dommage !

UN MOT DE L'AUTEUR

J'ai mis **toute mon expérience** de prof dans ce cahier d'activités ; ce livre a été amélioré à de nombreuses reprises, dans le but d'être le plus utile possible.

Si vous avez apprécié mon travail, je vous serais reconnaissant de **déposer un avis** positif sur le livre. Merci par avance.

N'hésitez pas à me faire part de vos **remarques et suggestions** : contact@exercices-a-imprimer.com.

Je vous invite à visiter **notre site internet** pour travailler sur d'autres exercices : www.exercices-a-imprimer.com. Vous pouvez bénéficier d'un accès gratuit à l'espace premium sur simple demande par courrier électronique.

Je vous souhaite une très bonne continuation et beaucoup de réussite dans vos projets.

Frédéric Lippold

AUTRES OUVRAGES DU MEME AUTEUR

- « *J'apprends le français ! - Exercices de français avec corrigés (Niveaux A2 à B1)* »
- « *J'apprends le français ! - Cahier d'exercices sans corrigés (Niveaux A2 à B1)* »
- « *L'essentiel du livre : L'homme le plus riche de Babylone* »
- « *Comment réussir ses études : conseils et méthodes pour exceller après le bac* »

MENTIONS LEGALES

ISBN-13 : 9781689905374

Première publication : septembre 2019 - Dernière mise à jour : janvier 2024

Le Code de la propriété intellectuelle interdit les copies ou reproductions destinées à une utilisation collective. Toute représentation ou reproduction intégrale ou partielle faite par quelque procédé que ce soit, sans le consentement de l'auteur ou de ses ayant droit ou ayant cause, est illicite et constitue une contrefaçon sanctionnée par les articles L. 335-2 et suivants du Code de la propriété intellectuelle.

Remerciements :
- Le site internet www.desmoulins.fr

Ressources :
- Police d'écriture *OpenDyslexic* par Eric Bailey et Steven V. James, Plow Software, LLC
- Police d'écriture *Cursive école*

Printed in Great Britain
by Amazon